Matthias Finger

Infrastruktur Schweiz

Ein Erfolgsmodell in Gefahr

Wie Transport, Energie
und Kommunikation
zukunftsfähig werden

NZZ Libro

Autor und Verlag danken herzlich für die grosszügige Unterstützung:

Bundesamt für Strassen ASTRA

Die Schweizerische Post AG

GENÈVE AÉROPORT

infra suisse

SBB CFF FFS

skyguide

swisscom

Swissgrid AG

swisspower

Bibliografische Information der Deutschen Nationalbibliothek:
Die Deutsche Nationalbibliothek verzeichnet diese Publikation
in der Deutschen Nationalbibliografie; detaillierte bibliografische Daten
sind im Internet über http://dnb.d-nb.de abrufbar.

Lektorat: Max Kellermüller, Nanaimo, BC, Canada
Korrektorat: Ruth Rybi, Zürich
Umschlag: Grafik Weiss GmbH, Freiburg i. B.
Gestaltung, Satz: Claudia Wild, Konstanz
Druck, Einband: CPI books GmbH, Leck

ISBN Print 978-3-907291-94-8
ISBN E-Book 978-3-907291-95-5

www.nzz-libro.ch
NZZ Libro ist ein Imprint der Schwabe Verlagsgruppe AG.

Inhaltsverzeichnis

Vorwort

Infrastrukturen, die als Basis unserer Grundversorgung dienen, sind von grosser Bedeutung. Die Schweiz hat seit Jahren sehr gute Voraussetzungen punkto Vorhandensein, Ausbau, Unterhalt und Qualität ihrer Infrastruktur, auch im internationalen Vergleich – wie jedes Wettbewerbsranking darlegt. Dies soll uns nicht hindern, immer wieder Finanzierung, Organisation, Struktur und Investitionen zu hinterfragen. Professor Finger macht dies teils mit radikalen Ansätzen, teils mit sehr überlegenswerten Veränderungen. Natürlich sind Reformen Prozesse, und diese dauern. Umso mehr lohnt es sich, die Ziele zu formulieren.

Was die Mobilität betrifft, haben wir mit dem Bahnfonds BIF und dem Nationalstrassen- und Agglomerationsfonds NAF in den letzten Jahren grundlegende Verbesserungen erreicht. Um die langfristige Sicherung der Finanzierung und die Methodik des Ausbaus und Unterhalts beneiden uns die meisten europäischen Staaten. Die Ausbauinvestitionen werden regelmässig dem Parlament vorgelegt und sichern eine schweizweite Entwicklung. Die Erbringer von Transportleistungen profitieren von der Infrastruktur, und der alte Kampf zwischen Strasse und Schiene hat sich merklich entkrampft, weil viele multimodal unterwegs sind. Die historisch gewachsenen Bahntransportunternehmen sind fast zu 100 Prozent im Besitz der öffentlichen Hand, auch weil die Preise im Vergleich zur Strasse nicht überborden dürfen, wie wir das bei privaten Bahnunternehmen etwa in Grossbritannien oder Japan kennen. Der Regionalverkehr wird zudem immer defizitär sein, wollen wir an verlässlichen und mindestens halbstündigen Takten festhalten. Beim Güterverkehr hat es der Bahntransport trotz Staus weiterhin schwer, vor allem der Transitverkehr. Andere Staaten haben eine andere Bahnkultur, bei der der

Preis entscheidend ist. Richtig ist aber, beim Verkehr das Gesamtsystem im Auge zu behalten, multimodal zu denken und zu planen. Die Agglomerationsprogramme haben uns nachhaltig weitergeholfen. Natürlich gibt es noch Luft nach oben. Die zunehmende Digitalisierung und mit immer mehr Software ausgestattete Fahrzeuge werden dazu beitragen, den Verkehr effizienter zu gestalten und die Infrastruktur besser zu nutzen.

Bei der Energieinfrastruktur ist festzustellen, dass sowohl beim Gasnetz als auch bei Treibstoff oder Heizöl die Organisation privatrechtlich erfolgt. Die Rolle des Bunds beschränkt sich auf Vorgaben zur Landesversorgung, wobei Gasspeicher bislang nicht inbegriffen waren. Wie wir aber gerade erleben, kann eine Vorsorge allein Abhängigkeiten für den Import und Probleme der Nachbarn nicht ausgleichen. Daher stellt Professor Finger zu Recht eine Integration in den europäischen Energiemarkt und punktuelle, koordinierte Anpassungen bei der Versorgungssicherheit zur Diskussion.

Bei der Telekom- und postalischen Grundversorgung muss man sich immer bewusst sein, dass es ein Grundprinzip unseres Staats ist, den ländlichen und urbanen Raum möglichst gleich zu behandeln, das heisst, den Zugang für alle zu garantieren und keine diskriminierenden Preisunterschiede zuzulassen. Schnelles Internet für alle, gleicher Preis für eine Briefmarke schweizweit als Beispiele. Auch wenn die Grundversorgung staatlich reguliert und so vorgegeben wird, reissen sich nicht viele Private darum, die Dienstleistungen zu erbringen. Auch wenn die Gouvernanz da und dort nicht State of the Art ist und der föderalistische Aufbau ab und zu schwerfällig erscheint, funktionieren unsere Infrastrukturen und der Service gut. Mehr Wettbewerb schadet aber nie und würde wohl gewisse Infrastrukturen günstiger machen, so wie auch eine unabhängige Aufsicht oder Delegationen an einen Regulator Optimierungen bringen würden. In diesem Sinn sind neue Denkanstösse höchst willkommen und regen dazu an, nicht stillzustehen.

alt Bundesrätin Doris Leuthard

Einleitung

Post, Eisenbahnen, Elektrifizierung, Telekommunikation und Strassen haben in etwa dieser Reihenfolge seit Mitte des 19. Jahrhunderts die erfolgreiche wirtschaftliche und gesellschaftliche Entwicklung der Schweiz ermöglicht und dem Land zum Erfolg verholfen. Dabei wurden sie unterstützt von Infrastrukturen der lokalen Wasserversorgung und ab den 1960er-Jahren auch von der lokalen Abwasser- und Abfallentsorgung. Die grossen Infrastrukturen sind jetzt gebaut. Mit Nant de Drance geht wahrscheinlich in diesen Tagen eines der letzten grossen Infrastrukturprojekte – ein Pumpspeicherwerk gänzlich unter dem Boden – ans Netz. Das hat sich ausgezahlt. Die Schweiz ist heute infrastrukturmässig bestens versorgt, zweifelsohne ein Erfolgsmodell, unterstützt mit viel Geld von Politik und viel Goodwill der Bevölkerung. Aber dieses Erfolgsmodell kommt jetzt an seine Grenzen: Das Land ist zugebaut. Rund 25 Prozent der bebauten Fläche sind Verkehrsinfrastrukturen, mehr noch, wenn man alle Infrastrukturen dazurechnet. Es wird zunehmend schwierig, neue Infrastrukturen ins Land zu bauen: Schon eine neue Windturbine wird zum Kraftakt. Unter dem Boden ist es kaum besser, denn auch dort hat es kaum mehr Platz zwischen all den Kabeln, Röhren, Leitungen und Tunnels. Ebenfalls über dem Boden zeichnet sich Stau ab, und zwar nicht nur von den Fliegern, sondern auch vom Boom der Drohnen. Dazu kommt, dass die Infrastrukturen selbst so ausgelastet sind, dass es immer schwieriger und immer kostspieliger wird, sie zu unterhalten, ohne ihr alltägliches Funktionieren zu beeinträchtigen. Ganz abgesehen von den Folgekosten, die wir uns mit all diesen Infrastrukturen eingehandelt haben – denn diese werden mit ihrer Alterung nicht billiger. Kurzum, das Erfolgsmodell Infrastruktur Schweiz kommt an seine Grenzen.

Ab den 1990er-Jahren rollte die von der EU getriebene Liberalisierungswelle an – und mit ihr die Idee, dass der Markt die Infrastrukturen (noch) effizienter und innovativer machen könne und solle. Diese Entwicklung rief viele neue Akteure auf den Plan, die zugegebenermassen eine Dynamik in die etablierten Infrastruktursektoren brachten und Innovationen an den Schnittstellen der verschiedenen Sektoren generierten. Weil der Markt aber nicht so richtig wollte, musste die Liberalisierung von viel und immer mehr Regulierung begleitet werden. In diese Zeit fiel meine akademische Karriere, eine herausfordernde Zeit für die Infrastrukturunternehmen und eine spannende Zeit für mich. Ich konnte beobachten, wie es zunehmend schwieriger wurde, diese vielen Akteure zu koordinieren. Kurzum, alle Akteure, die sich heute in, um und zwischen den verschiedenen Infrastruktursektoren tummeln, verfolgen ihre jeweils eigenen Interessen. Das hat meist mit dem Gemeinwohl wenig zu tun, niemand hat mehr die Übersicht, niemand ist mehr wirklich verantwortlich und die Politik ist überfordert.

Gegen Ende meiner Karriere, ab den 2010er-Jahren, tauchten zudem grundlegend neue Rahmenbedingungen und damit neue Herausforderungen für die Infrastrukturen auf. Da sind einerseits der Klimawandel und die damit verbundene existenzielle Bedrohung unseres «way of life» zu erwähnen: Infrastrukturen müssen nun nicht nur selbst viel nachhaltiger geplant, gebaut, betrieben und unterhalten werden, sie müssen ebenfalls einen zentralen Beitrag zur Nachhaltigkeit von Wirtschaft und Gesellschaft leisten, wie zum Beispiel durch die Dekarbonisierung der Energieproduktion und des Transports. Da ist andererseits die Digitalisierung, die die Infrastrukturen genau gleich wie alle anderen Sektoren der Wirtschaft durchdringt und zu tiefgreifenden Transformationen zwingt. Zudem bedingt die Digitalisierung eine (Kommunikations-)Infrastruktur, die es ihrerseits weiter auszubauen, zu betreiben und, so meine ich zumindest, im öffentlichen Interesse zu regulieren gilt. Und da ist immer noch die *Rahmenbedingung EU*, die sich unaufhaltsam weiterentwickelt und die man nicht wegdiskutieren kann, denn alle unsere schweizerischen Infrastrukturen sind immer mehr mit den europäischen Infrastrukturen vernetzt – und oft auch von ihnen abhängig. Damit diese neueren Entwicklungen der Infrastrukturen besser verstanden werden und daraus

Handlungsempfehlungen für die Schweiz abgeleitet werden können, habe ich dieses Buch geschrieben.

Ich masse mir natürlich nicht an, dass ich das alles verstehe, und noch weniger, dass ich die richtigen Empfehlungen abgebe. Infrastrukturen sind ein grosses Gebiet und betreffen die Kommunikation (Post und Telekom), den Transport (Eisenbahn, Strassenverkehr, Luftfahrt, lokaler ÖV und im Prinzip auch Transport auf Flüssen und Meeren), die Energie (Elektrizität und Gas) sowie Wasser, Abwasser und Abfallbewirtschaftung. Es ist dabei Wissen aus vielen akademischen Disziplinen gefragt: Ingenieure, und zwar aus vielen verschiedenen Bereichen; Wirtschaftswissenschaftler, insbesondere aus der Makroökonomie; Juristen und Politologen für die Fragen der Policy, der Gouvernanz und der Regulierung; sowie Betriebswirtschaftler und Experten des Public Managements für die Fragen des privaten und öffentlichen Managements des Ganzen. Wenn man sich mit Infrastrukturen beschäftigt, muss man zudem sowohl etwas von der Theorie und viel von der Praxis verstehen; man muss die Verwaltung, die (meist öffentlichen) Unternehmen und die Regulatoren kennen, die diese Infrastrukturen planen, bauen, unterhalten, betreiben und regulieren – und zwar sowohl auf nationaler wie auf lokaler und immer mehr auch auf EU-Ebene.

Ich verstehe von all dem ein bisschen etwas, aber nichts wirklich im Detail. Das ist meine Marktnische und es gibt in dieser Nische nicht sehr viele Leute. Ich habe mich deshalb in meiner Karriere auf dieses «big picture» der Infrastrukturen, nicht nur derjenigen der Schweiz, spezialisiert. Ich bin von Haus aus Politologe (Universität Genf), aber interessiert haben mich im Grund genommen immer Fragen des Managements des öffentlichen Sektors. Nach meiner Rückkehr aus den USA (1995) wurde ich Professor für das Management von öffentlichen Unternehmen. Das ist ein Lehrstuhl, den die damalige PTT am IDHEAP – Institut des Hautes Études en Administration Publique in Lausanne – geschaffen hatte. Ich wurde mit den Herausforderungen von Staatsunternehmen konfrontiert, die in den Sog der Liberalisierung der 1990er-Jahre geraten waren, angetrieben von der EU, aber auch von den neoliberalen Ökonomen. Es ging nicht nur um die Post und die Telekom, sondern auch um die Luftfahrt und die Elektrizität; die Liberalisierung der Eisenbahn kam ein bisschen später. Ich hatte mich schon vor dem IDHEAP mit Fragen der Privatisierung, insbesondere der Wasserversorgung, beschäftigt. Ich musste lernen, dass die Wissenschaft zu diesen Fragen nicht viel zu bieten hat: Sie war – und ist immer noch – gespalten zwischen den Verwaltungswissenschaftlern und Politologen einerseits, für die der Privatsektor in den Infrastrukturen das Ende des Service public bedeutet, und den Wirtschaftswissenschaftlern andererseits, für die Staatsbetriebe der Inbegriff von Verschlafenheit und Rückständigkeit sind. Dass man versuchen könnte, öffentliche Unternehmen zu modernisieren, um so gerade zu verhindern, dass sie privatisiert werden (müssen), kam nirgends gut an. Kurzum, ich war im IDHEAP unglücklich, aber ich wäre auch an einer Business School unglücklich gewesen. Ich musste meinen eigenen Weg entwickeln und feststellen, dass Staatsunternehmen und öffentliche Unternehmen generell kein Forschungsthema sind und nicht in die universitäre Landschaft passen. Einzig in Holland schienen diese interdisziplinären Fragestellungen der Infrastrukturen und der darin aktiven, meist öffentlichen Unternehmen Beachtung zu finden – interessanterweise an den Ingenieuruniversitäten. Und so kam ich parallel zum IDHEAP zu einer Gastprofessur an der Technischen Universität Delft.

Aber auch die Post, zu der nach der Auftrennung der PTT der Lehrstuhl übergegangen war, sah sich nicht mehr als öffentliche Verwaltung. Im Zug der Liberalisierung wollte sie, wie alle Staatsunternehmen, als privatwirtschaftliches Unternehmen wahrgenommen werden. Ausserdem antizipierte sie richtigerweise eine grosse technologische Dynamik, die auch den Postsektor überrollen würde, und war deshalb mit der EPFL übereingekommen, einen neuen Lehrstuhl für Management von Netzwerkindustrien zu schaffen. Ich musste mich neu bewerben, aber der Ansatz der EPFL war total anders und ungewohnt. Anstatt mich in eine schon lange überholte akademische Disziplin (die Verwaltungswissenschaften, aber das gilt für alle Sozialwissenschaften) einreihen zu müssen (und mich ständig rechtfertigen zu müssen, wieso ich nicht irgendeine veraltete Theorie anwende), fragte mich der damalige Präsident, Patrick Aebischer, bei meinem Vorstellungsgespräch, wofür ich in 10 bis 15 Jahren weltweit bekannt sein wolle. Für mich war klar: Ich wollte mir mit den Infrastrukturen als Beitrag zur Gesellschaft, aber auch zur

Schweiz, einen Namen machen. Ich bekam den Job und habe seither, dank der Unterstützung von Post, EPFL und vielen Infrastrukturunternehmen der Schweiz, mein eigenes praxisnahes und interdisziplinäres Forschungsgebiet aufgebaut. Meine Kollegen, meine Studierenden und meine Doktoranden waren nun meist Ingenieure, die zwar von Ökonomie und Politik nicht viel verstanden, aber sich bewusst waren, wie wichtig beide für die Weiterentwicklung der Technologie und insbesondere der Infrastrukturen sind. Statt die Realität für die Theorien zurechtzubiegen, konnte ich nun Probleme lösen, aber mit dem gleichen technischen Mindset wie meine Kollegen. Ich hatte fantastische Jahre (2002–2020) in dieser Funktion und danke allen, die mich dabei begleitet und unterstützt haben.

2007 bekam ich die einmalige Chance, beim Aufbau des Elektrizitätsmarktregulators, der ElCom, mitzuwirken und so eine direkte Verbindung zwischen Theorie und Praxis herzustellen. Weltweit sind wir nur eine ganz kleine Gruppe von Universitätsprofessoren, die gleichzeitig lehren, forschen und in einem Infrastrukturregulator sitzen. Ich war zwar schon 2003 in die Schiedskommission im Eisenbahnverkehr (SKE) gewählt worden. Aber dort gab es nichts zu tun und auch nicht viel zu lernen, denn die Schweiz musste auf Druck der EU einen Eisenbahnregulator schaffen, den niemand wollte, weder die SBB und noch viel weniger das Bundesamt für Verkehr (BAV). Bei der Elektrizität war das umgekehrt: Die ElCom musste, zwar ebenfalls auf Druck der EU, geschaffen werden, aber der damalige Direktor des Bundesamts für Energie (BFE), Walter Steinmann, hatte die Grösse, neben dem BFE einen unabhängigen Regulator entstehen zu lassen. Und mit Carlo Schmid-Sutter hatten wir einen ElCom-Präsidenten, der die Rolle des Regulators perfekt wahrnahm. In der ElCom habe ich während zwölf Jahren zu den Themen Regulierung und Beziehungen zur EU mehr gelernt als irgendwo sonst. Teile dieser Erkenntnisse, insbesondere was unsere komplexen Beziehungen zur EU betrifft, habe ich zusammen mit meinem Doktoranden Paul van Baal zu einem Buch verarbeitet (2020). Darin findet sich übrigens die Erklärung zur heutigen Strommisere mit der EU.

2009 hatte ich mein (einziges) sechsmonatiges Sabbatical: Ich ging an das Europäische Universitätsinstitut in Florenz, Italien, die einzige Universität, die den EU-Mitgliedstaaten gehört. Dort hatte ab 2004 ein französischer Ökonomieprofessor, Jean-Michel Glachant, die sogenannte Florence School of Regulation (FSR) aufgebaut. Sein Ziel war es, die EU-Kommission bei der Regulierung der europäischen Strom- und Gasmärkte zu begleiten. Unterstützt wurde er von den Unternehmen, die von den im Entstehen begriffenen EU-Regulatorien betroffen waren. Ich fand dies ein interessantes und entwicklungsfähiges Konzept. Und weil sich die FSR nur um die Energie kümmerte, hatte ich ab 2010 die Möglichkeit, dort das Äquivalent für den Transport aufzubauen (Eisenbahn, Luftfahrt, Strasse, lokaler ÖV und Schifffahrt). Ich beschränkte mich dabei auf die Organisation von Workshops mit der EU-Kommission, insbesondere deren Generaldirektion Mobilität und Verkehr (DG MOVE), den regulierten Transportunternehmen und den Regulatoren der Mitgliedstaaten, um so die verschiedenen EU-Policy-Initiativen zu analysieren, zu diskutieren und vielleicht auch ein bisschen zu prägen. In mehr als zehn Jahren habe ich fast 60 solche Workshops organisiert und neulich in Buchform zusammengefasst (Finger, Montero, Serafimova, 2022). Anfang 2022 habe ich nun die Leitung der Florence School of Regulation Transport Area an meinen Nachfolger, Prof. Juan Montero, übergeben. Mit ihm arbeite ich weiterhin in Florenz, insbesondere zum Thema der Digitalisierung der Infrastrukturen. Und am Thema der Digitalisierung arbeite ich seit meiner Emeritierung (2020) auch mit der EPFL weiter. Martin Vetterli, Präsident der EPFL, und mich beschäftigt insbesondere die Frage, wie ein digitaler Service public für die Schweiz auszugestalten wäre.

Beinahe am Ende meiner Karriere angelangt, möchte ich nun das Gelernte, das «big picture», in Buchform zusammenfassen. Was ich hier schreibe, ist selbstverständlich auf meinem Mist gewachsen und ich bin allein dafür verantwortlich. Aber diese Publikation war nur möglich dank der Zusammenarbeit mit den Regulatoren, der Verwaltung, dem Infrastrukturministerium (UVEK), den Infrastrukturunternehmen und den Universitäten, und das ist immer mit Personen verbunden. Speziell erwähnen möchte ich Patrick Aebischer, Luca Arnold, Paul van Baal, Dieter Bambauer, Marc Baumgartner,

Michael Bhend, Tobias Binz, Sabine Brenner, Martin Bütikofer, Georges Champoud, John Charles, Roberto Cirillo, Ann-Kathrin Crede, Nicolas Crettenand, Olivier Crochat, Patrizia Danioth, Anne d'Arcy, Marc Defalque, Matthias Dietrich, Benno Gartenmann, Christophe Genoud, Thierry Golliard, Mathias Gsponer, Hans Gurtner, Ueli Gygi, Urs Hany, Peter Hasler, Ueli Hurni, Marco Imboden, Christian Jaag, Yves-André Jeandupeux, Ronny Kaufmann, Cornelia Kawann, Brigitta Kratz, Michel Kunz, Martin Mägli, Bernhard Meier, Juan Montero, Denis Morel, Fabian Liechti, Frank Marthaler, Fredy Müller, Christian Opitz, Mario Paolone, Maurice Perrenoud, Francis-Luc Perret, Claudia Pletscher, Serge Pravato, Teddy Püttgen, Carole Rentsch, Benoît Revaz, Jean-Noël Rey (1949–2016), Jürg Röthlisberger, Marcel Ruegg, Susanne Ruoff, Patrick Salamin, Ueli Seewer, Anton Schleiss, Carlo Schmid-Sutter, André Schneider, Alain Sermet, Walter Steinmann, Ueli Stückelberger, Markus Schumacher, Renato Tami, Walter Thurnherr, Urs Trinkner, Frédéric Varone, Martin Vetterli, Stefan Walser, Dani Weder und Hans Werder. Sie alle haben sich für die Infrastrukturen der Schweiz eingesetzt oder tun das immer noch. Ich verdanke Ihnen mein Verständnis der verschiedenen Facetten dieses komplexen und dynamischen Themas. Ganz besonders danken möchte ich alt Bundesrätin Doris Leuthard: Zusammen haben wir seit 2012 jährlich einen «Infrastrukturtag» organisiert, an dem wir, ein bisschen «out of the box» wie in diesem Buch, die neuesten Entwicklungen und Herausforderungen in und an die schweizerischen Infrastrukturen aufgeworfen, diskutiert und manchmal in den politischen Prozess eingebracht haben.

Personen sind eine Sache, Organisationen sind eine andere. Letztere sind generell sensibler, vorsichtiger und nuancierter, insbesondere wenn es um (infrastruktur-)politische Themen geht. Die folgenden neun Organisationen waren, trotz meiner in der Vergangenheit auch manchmal kritischen Äusserungen, bereit, dieses Buchprojekt finanziell zu unterstützen: das Bundesamt für Strassen (ASTRA), der Flughafen Genf, INFRA Suisse, die Post, die SBB, Skyguide, die Swisscom, Swissgrid und Swisspower. Ihnen gilt ein besonderer Dank für die langjährige gute Zusammenarbeit.

Mein Buch besteht aus sechs Kapiteln: Ich fange an mit der Erfolgsgeschichte der schweizerischen Infrastrukturen, und zwar so, wie sie historisch gebaut wurden, nämlich «silomässig», jede Infrastruktur für sich. Im zweiten Kapitel werde ich die aus meiner Sicht vier wichtigsten neuen Rahmenbedingungen diskutieren, die die Schweiz generell und die schweizerischen Infrastrukturen im Speziellen vor neue Herausforderungen stellen. Dies sind 1. die zunehmende Verdichtung und Verstädterung des Lands; 2. sozusagen als Hintergrund des Ganzen der Klimawandel und genereller die Nachhaltigkeitsproblematik; 3. die Digitalisierung und 4. die EU. In einem ein bisschen konzeptionelleren, dafür aber kürzeren dritten Kapitel werde ich argumentieren, was diese neuen Rahmenbedingungen für die Zukunft der Infrastrukturen bedeuten. Ich meine, dass es in Zukunft nicht mehr möglich sein wird – und dies nicht nur aus Platz- oder Geldmangel –, die bestehenden Infrastrukturen silomässig weiterzuentwickeln und dass wir einen viel systemischeren und viel vernetzteren Ansatz brauchen. Im vierten Kapitel werde ich dann aufzeigen, was das für die Weiterentwicklung der heute bestehenden und für den Bau neuer Infrastruktursysteme der Schweiz bedeutet. Kapitel fünf ist der Gouvernanz gewidmet, und zwar einer (ein bisschen) visionären Gouvernanz, die den nationalen, regionalen und lokalen Infrastruktursystemen Rechnung trägt. Im Schlusskapitel werde ich als Resultat meiner Analyse Empfehlungen an die wichtigsten heute in der Schweiz für die Infrastrukturen zuständigen Akteure machen, allen voran an das UVEK, das Eidgenössische Departement für Umwelt, Verkehr, Energie und Kommunikation.

Dieses Buch ist bewusst ein wenig vereinfachend, ja sogar plakativ geschrieben. Einige Leser werden sich vielleicht an gewissen pauschalen Aussagen stossen. Aber ich möchte zur Diskussion anregen, frischen Wind in eine komplexe und für die geneigte Leserschaft nicht immer zugängliche Materie bringen … und nicht schon alle Einwände der zahllosen Bedenkenträger vorwegnehmen. Ich bin mir bewusst, dass ich damit anecken werde, aber meine Äusserungen sind nie persönlich gemeint. Das Problem sind nicht die Personen, sondern die Institutionen, die Regeln, die sich über die Zeit herausgebildet haben und in denen wir oft gefangen sind. Ich will also nicht um den Brei herumreden, denn bei der Umsetzung dieser Vision – sollte überhaupt jemand darauf einsteigen – kommt sowieso alles viel nuancierter heraus, aber hoffentlich nicht abgeschwächter. Man muss einfach anfangen, damit es am Schluss nicht zu kompliziert wird. Ich hoffe, dass es mir gelungen ist, eine komplexe Materie einfach, aber nicht zu einfach zu vermitteln.

Kapitel 1

Konzepte und Entwicklung der Infrastruktursektoren in der Schweiz

In diesem Kapitel geht es noch nicht um die Infrastrukturen per se (um diese geht es in Kapitel 4), sondern um die Sektoren, in denen die Infrastrukturen eine zentrale Rolle spielen, also um den Post-, den Telekom, den Eisenbahn-, den Strassen-, den Luftfahrt-, den Strom-, den Gas- und den Wassersektor. Nach der Liberalisierung der Sektoren spricht man dann gewöhnlich von Infrastrukturindustrien oder auch Netzwerkindustrien.

Infrastrukturen sind technologische Artefakte, auf, unter und manchmal über dem Boden («Luftstrassen»). Damit Infrastruktursektoren entstehen und sich weiterentwickeln können, braucht es deshalb technologischen Fortschritt. Dieser ist in jedem Sektor anders. Es braucht ebenfalls eine gewisse Nachfrage, auch wenn Infrastrukturen nicht notwendigerweise immer nur auf eine Nachfrage antworten, denn es ist (sehr) oft auch so, dass Investitionen getätigt werden, um zuerst einmal die Nachfrage zu generieren oder ganz einfach, um politische Ziele zu verfolgen. Beispiele sind die Erreichbarkeit von entlegenen Tälern und Orten oder die Elektrifizierung des Transports, in der Vergangenheit wie heute. Somit braucht es ebenfalls Geld, meist direkt von der öffentlichen Hand zur Verfügung gestellt, und natürlich eine gewisse politische Weitsicht und auch politischen Willen. Kurzum, politischer Wille, Finanzen (oft mobilisierbar dank politischem Willen und mit der Unterstützung der Bevölkerung), Nachfrage und Technologie haben in der Vergangenheit zur Entwicklung der Infrastruktursektoren geführt, und das wird sich auch in Zukunft nicht ändern. Wie gesagt ist diese Entwicklung sektorspezifisch und findet meistens auf nationaler Ebene statt. Aber alle Infrastrukturen haben auf lokaler Ebene angefangen und manche bleiben bis heute der lokalen Ebene verhaftet (Wasserversorgung, Abwasser- und Abfallentsorgung). Dieses Kapitel hat zwei Teile: In einem ersten Teil werde ich die wichtigsten infrastrukturrelevanten Konzepte erklären. Der zweite Teil ist der Entwicklung der Infrastruktursektoren der Schweiz gewidmet.

Grundlegende Konzepte

Dies ist kein theoretisches Buch und es will keinen Beitrag zur Theorie der Infrastrukturen leisten. Trotzdem scheint es mir nützlich, die wichtigsten Konzepte im Zusammenhang mit den Infrastrukturen und den Infrastruktursektoren zu klären, denn diese sind, so meine ich zumindest, sehr hilfreich, um die Entwicklung dieser Sektoren weltweit und eben auch in der Schweiz zu verstehen und zu denken. Ich tue dies in den folgenden vier Schritten: Zuerst geht es darum, die Wichtigkeit von guten Infrastrukturen und funktionierenden Infrastruktursektoren für eine Gesellschaft und für ein Land in Erinnerung zu rufen. In diesem Zusammenhang muss man auch den «Service public» und die «Staatsunternehmen» erwähnen. In einem zweiten Schritt werde ich die sektorielle Struktur und Entwicklung der Infrastruktursektoren in Erinnerung rufen und argumentieren, was wir dann auch am Beispiel der Schweiz sehen werden: dass diese «sektorielle Angehensweise» zunehmend überholt ist. In einem dritten Schritt geht es um das sogenannte Schichtenmodell der Infrastruktursektoren, nämlich die Unterscheidung von «Infrastrukturen per se» einerseits und «Infrastrukturdienstleistungen» andererseits. Schliesslich werde ich noch die Transformation der Infrastruktursektoren erwähnen und dabei Begriffe wie «Liberalisierung», «Wettbewerb» und «Regulierung» definieren. Wie einleitend schon gesagt: Infrastrukturen und Infrastruktursektoren sind nicht das Studienobjekt einer einzigen Wissenschaft, denn sie befinden sich im Spannungsfeld zwischen Technologie (Ingenieurwissenschaften, die ihrerseits alle hochspezialisiert sind), Ökonomie (denn Infrastrukturen kosten, aber man kann damit auch viel Geld verdienen) und Politik (denn Infrastrukturen sind immer gesellschaftlich relevant und deshalb, und auch weil sie kosten, ist die Politik nie weit weg). Und diese Tatsache erklärt, wieso sich eigentlich niemand mit dem Thema «Infrastrukturen» beschäftigt.

Service public und Staatsunternehmen

Auch wenn die Ökonomen dies während der letzten 20 bis 30 Jahre verzweifelt versucht haben, kann den Infrastrukturen mit rein ökonomischen Konzepten nicht genügend Rechnung getragen werden. Infrastrukturen sind keine normalen ökonomischen Güter wie Joghurt und Bananen, die angeboten würden, würde man nur endlich den Markt spielen lassen. Und vielleicht sind es sogar keine ökonomischen Güter überhaupt, auch wenn es um viel Geld geht und auch wenn man damit viel Geld verdienen kann. Infrastrukturen sind zuerst einmal eine zentrale Funktion, wenn nicht *die* zentrale Funktion der wirtschaftlichen und gesellschaftlichen Entwicklung. Und als solche sind sie ganz eng, ja sogar untrennbar mit dem Staat verbunden. Denn der Staat ist, seit der Industriellen Revolution, derjenige, der sich für wirtschaftliche und gesellschaftliche Entwicklung stark macht. Der Markt ist dabei nur ein Mittel zum Zweck, und auch dies nur, wenn der Staat die Rahmenbedingungen dafür schafft. Es ist deshalb nur logisch, dass sich zuerst einmal der Staat um die Planung, die Finanzierung und meistens ebenfalls um den Bau und den Betrieb der Infrastrukturen kümmert.

Aber das war nicht immer so: Der Ursprung der Infrastrukturen ist in privaten kommunalen Unternehmen zu lokalisieren, zum Beispiel als man im 19. Jahrhundert in den Städten von Europa und den USA anfing, Elektrizität, Transport und Telekommunikation zu organisieren. Die Post war etwas anderes, aber auch privat organisiert, denn es ging seit dem Mittelalter darum, die Kommunikation zwischen den Städten sicherzustellen. Aber mit der industriellen Entwicklung wurde der Staat immer wichtiger und begriff, dass er ohne die Infrastrukturen die wirtschaftliche und gesellschaftliche Entwicklung weder vorantreiben noch steuern konnte. Deshalb wurden in Europa alle Infrastrukturen verstaatlicht oder teilweise kommunalisiert (Wasser). In den USA wurden sie oft in privater Hand belassen, aber vom Staat stark reguliert.

Infrastrukturbetreiber sind deshalb typischerweise nationale oder manchmal lokale oder regionale Monopolunternehmen (in Europa bis in die 1990er-Jahre). Diese Art der industriellen Organisation, das heisst Infrastrukturen als Monopole, ist ganz einfach auf die ökonomischen Charakteristiken der angewandten Technologien zurückzuführen, denn alle Infrastrukturen zeichnen sich durch grosse Skaleneffekte aus – was bedeutet, dass die Grenzkosten (Kosten eines zusätzlichen Benutzers) sehr gering sind. Mit anderen Worten, je mehr Benutzer an einem Infrastrukturnetz «hängen», desto billiger wird dessen Nutzung für alle Benutzer. Die meisten Infrastrukturen zeichnen sich auch durch sogenannte direkte Netzwerkeffekte aus: Mit anderen Worten, je mehr Benutzer an einem Infrastrukturnetz teilnehmen, desto attraktiver ist das System für alle. Beispiele dafür sind das Post- oder das Telekomsystem. Skalen- und Netzwerkeffekte führen logischerweise zu Monopolen als effizienteste Organisationsform, und dies unabhängig davon, ob die Infrastrukturen der öffentlichen Hand oder dem Privatsektor gehören.

Sektorielle Angehensweise

«Infrastrukturen» ist ein Überbegriff, der oft sowohl die physische Infrastruktur als auch die Dienstleistungen umfasst. Dies lässt sich aus der Geschichte heraus erklären: Denn zuerst einmal ging es um die Lösung ganz konkreter, meist lokaler Probleme, wie die Beleuchtung der Strassen in den Städten, später der Häuser und dann der Antrieb, dank Elektrizität, der Fabriken, aber auch der Strassenbahn und der Lifte in den Hochhäusern. So ging es auch um die Wasserversorgung und später die Abwasserentsorgung, getrieben vor allem von Gesundheitsüberlegungen. Später kam auch der öffentliche Transport dazu: Busse, Bahnen, denn die Leute mussten sich vom Wohn- zum Arbeitsort bewegen; nach dem Zweiten Weltkrieg wollten sie ebenfalls in die Ferien, und somit wurde dank massiver staatlicher Unterstützung auch die Strasseninfrastruktur gefördert. Auch die Telekommunikation entstand, bottom-up, zuerst in den Städten; vernetzt wurde sie in Europa nach ihrer Verstaatlichung.

Gefordert waren zu dieser Zeit in erster Linie die Zivilingenieure, und diese sind sektoriell organisiert: die Bahningenieure, die Elektrizitätsingenieure, die Wasseringenieure, die Telekommunikationsingenieure und viele andere Spezialisten mehr. Die Tatsache, dass die Infrastrukturen bis heute fast ausschliesslich sektoriell geplant, finanziert und betrieben werden, ist in erster Linie auf ihre technologische Natur und das sektorielle Ingenieurdenken zurückzuführen. Und diese sektorielle Angehensweise wurde dann ganz automatisch auf Staatsebene übernommen und institutionalisiert, und zwar sowohl in den verschiedenen Staatsbetrieben (PTT, Eisenbahn, Stromversorgungsunternehmen, Wasserversorgungsunternehmen usw.) wie auch in den Ministerien (Eisenbahnministerium, Energieministerium, Kommunikationsministerium usw.). Die Schweiz ist hier in zweierlei Hinsicht ein bisschen eine Ausnahme: Einerseits kennen wir in der Schweiz, wie übrigens auch in Deutschland und Österreich, die sogenannten Stadtwerke, in denen Strom-, Gas- und Wasserversorgung auf lokaler Ebene in einem Unternehmen zusammengefasst sind. Diese Stadtwerke gibt es weltweit nur im germanischen Raum. Andererseits sind, weltweit einmalig, alle Infrastrukturen im gleichen Ministerium, dem UVEK, zusammengefasst. Aber leider machen wir daraus nichts, denn das UVEK war, ist und bleibt ein loses Gebilde von autonomen Infrastrukturämtern.

Kurzum, die Infrastrukturen sind auch heute immer noch sektoriell organisiert, betrieben, verwaltet und seit 20 Jahren auch sektoriell reguliert. Daran hat auch die Liberalisierung nicht viel geändert. Zwar sprechen wir jetzt von Konvergenz der Technologien, sogar von Konvergenz der Sektoren, aber auf institutioneller Ebene hat diese technologische Dynamik bis jetzt keine grossen Auswirkungen gehabt, weder in der Schweiz noch in der EU. Das Bundesamt für Verkehr bleibt das Amt, das sich um den ÖV kümmert, und das ASTRA bleibt das Amt, das sich um die Strasse kümmert – auch wenn sich die Leute zunehmend multimodal bewegen. Und sogar dieses Buch ist teilweise so strukturiert, denn man kommt einfach nicht drum herum: Alle Informationen, alle Daten, alle öffentlichen Politiken (Policies), alle Unternehmen verstehen sich nicht als konvergente Infrastrukturen, sondern eben als Sektoren.

Schichtenmodell

Trotz dieser immer noch weitverbreiteten sektoriellen Angehensweise entsteht allmählich eine alternative Sicht in der Form des sogenannten Schichtenmodells. Diese Idee, Infrastrukturen als Schichten zu strukturieren, kommt weder von den Ingenieuren (die sehen zum Beispiel ein integriertes Strom- oder ein Bahnsystem) noch von den Staatsunternehmen (die ein vertikal integriertes Monopol betreiben wollen, denn dies ist die effizienteste Organisationsform in einer sektoriellen Logik) noch von den Politikern, denn diese sind der Verwaltung verpflichtet. Diese hat sich hingegen schon lange mit der sektoriellen Angehensweise abgefunden. Das Schichtenmodell ist eine Erfindung der Ökonomen, portiert und teilweise umgesetzt von der EU. Als solches ist es zwar intuitiv verständlich und intellektuell attraktiv, aber, wie wir später sehen werden, in der realen Welt gar nicht so einfach zum Funktionieren zu bringen. Grafisch lässt sich das Schichtenmodell folgendermassen darstellen.

Grafik 1: Das Schichtenmodell der Infrastrukturen

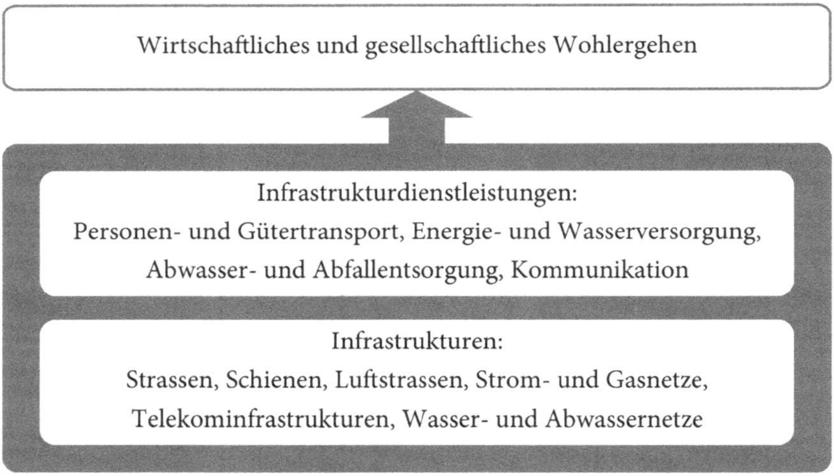

Quelle: Autor

In der Tat ist es einleuchtend, zwischen einem Netz (der Infrastruktur per se) einerseits und den Dienstleistungen, die dank dieses Netzes erbracht werden (können), zu unterscheiden. Netze sind Strassen, Schienen, Luftstrassen und Flughäfen von nationaler Bedeutung, Hochspannungsleitungen und Stromversorgungsnetze, Gasnetze, Fest- und Mobilfunknetze sowie Wasserversorgungsnetze und -entsorgungsnetze. Auf der Basis dieser Netze können Infrastrukturdienstleistungen erbracht werden, also eben privater und öffentlicher Transport, Strom, Gas, Telekom und Wasser. Die Ingenieure weisen jedoch mit Recht darauf hin, dass zwischen Netz und Dienstleistungen, je nach Sektor, starke sogenannte technische Komplementaritäten bestehen und dass beide nicht unabhängig voneinander geplant, gebaut und betrieben, geschweige denn reguliert werden können.

Aber das kümmert die Ökonomen wenig, denn für sie ist das Netz ein natürliches Monopol, hingegen werden die Dienstleistungen im Prinzip vom Markt erbracht. So einfach könnte es aus rein theoretischer Sicht sein: Die Komplementaritäten oder eben die Abhängigkeiten voneinander werden weg- oder schöngeredet, führen aber in der realen Welt zu einem Riesenregulierungsapparat, der das Zusammenspiel beider Schichten regeln muss. Die Politik, die Verwaltung und die Regulatoren haben deshalb mehr Mühe mit dieser sauberen Trennung von zwei unabhängigen Schichten, versuchen aber ihre Überlegungen zum Service public, der in der Vergangenheit von den integrierten Infrastrukturen für Wirtschaft und Gesellschaft geleistet wurde, in die Schichtenwelt hinüberzuretten und entsprechend anzupassen: Netze sind jetzt *Infrastrukturen im öffentlichen (wirtschaftlichen und/oder gesellschaftlichen) Interesse,* in Deutschland *Infrastrukturen der Daseinsvorsorge* und in England *foundational infrastructures* genannt (Foundational Economy Collective, 2018). Sie können entweder vom Staat gänzlich oder teilweise subventioniert werden oder von den Benutzern – eben den Infrastrukturdienstleistungsunternehmen – bezahlt werden. In Tat und Wahrheit sind sie aber meistens eine Kombination von beidem. Die (infrastrukturbasierten) Dienstleistungen hingegen sollten im Prinzip vom Markt erbracht und von den Endkunden bezahlt werden. Aber das tut der Markt nicht immer, und die Endkunden sind oft Bürger, die das weder bezahlen können noch wollen, so dass auch bei den Infrastrukturdienstleistungen trotzdem manchmal ein politisch zu definierender und von der öffentlichen Hand zu subventionierender Service public notwendig wird. Der heisst dann *Grundversorgung* (Schweiz) oder *Universaldienst* (EU).

Liberalisierung, Wettbewerb und Regulierung

Die Entwicklung der Infrastrukturen lässt sich in zwei Perioden einteilen, nämlich die Zeit vor und nach deren Liberalisierung. Ab Mitte des 19. Jahrhunderts entwickeln sich die Infrastrukturen typischerweise von lokalen Initiativen zu nationalen Netzen. Diese wurden, ausser in den USA, vorwiegend verstaatlicht. Ab den 1990er-Jahren werden dieselben Infrastrukturen in Europa und von der EU schrittweise liberalisiert, das heisst dem Wettbewerb ausgesetzt und teilweise privatisiert.[1] Seit den 2010er-Jahren zeichnet sich meiner Meinung nach eine dritte Periode ab, in der die Infrastrukturen mit den neuen Rahmenbedingungen und entsprechenden Herausforderungen des Klimawandels, der Nachhaltigkeit und der Digitalisierung konfrontiert werden (siehe Kapitel 2).

In der Schweiz sind wir direkt, wenn auch manchmal zeitverschoben von der Liberalisierung der Infrastrukturen – genauer gesagt deren simultaner De- und Reregulierung – durch die EU betroffen. Statt die Infrastrukturen als Eigentümer zu führen, soll sich der Staat auf die Regulierung des so neu geschaffenen Wettbewerbs in den verschiedenen Infrastruktursektoren fokussieren. Unter dem Strich – das kann man heute guten Gewissens sagen – hat sich die Rolle des Staats in den verschiedenen Infrastrukturen mit der Liberalisierung verstärkt, nicht verringert. Das ist ja eigentlich ganz logisch, und zwar aus zwei unabhängigen Gründen: Einerseits machen Infrastrukturen nur als Beitrag zur wirtschaftlichen und gesellschaftlichen Entwicklung einen Sinn, und darum ist der Staat nie weit weg und wird sich auch nie aus den Infrastrukturen zurückziehen – es sei denn, er ist bankrott oder folgt neoliberalen Ideologen, wie in den 1980er-Jahren in England. Andererseits bestehen zwischen Netzen (Infrastrukturen) und netzbasierten Dienstleistungen starke technische Komplementaritäten, die eine saubere Trennung der beiden nicht zulassen. Es braucht also eine starke Regulierung, also Staatsintervention, um sicherzustellen, dass diese komplexen und dank Liberalisie-

---

1 Ich habe diese Entwicklung der Infrastrukturen in Europa und in den USA in einem kleinen, leicht verständlichen Buch beschrieben (Finger, 2020).

rung jetzt noch komplexeren und dynamischeren technologischen Systeme auch weiterhin als System funktionieren. Denn eine physische Infrastruktur ohne Dienstleistungen ist nur ein weisser Elefant, und umgekehrt kann es ohne physische Infrastrukturen keine Dienstleistungen geben.

Und all diese Infrastruktursysteme sind jetzt europaweit (Elektrizität, Schiene, Strasse) oder sogar weltweit (Luftfahrt, Gas) vernetzt, während sie früher lokal und später national organisiert waren. Schon allein diese globale und europaweite Vernetzung bedingt einen riesigen Koordinationsaufwand, der in einem halbwegs liberalisierten Umfeld nur regulatorisch zu bewältigen ist. Und damit sind wir auf der Ebene von Europa, denn es geht nicht nur um die technologische Vernetzung mit Europa, sondern auch um die regulatorische und die institutionelle. Damit diese komplexen und dynamischen Infrastruktursysteme auch nur halbwegs funktionieren können, braucht es also europaweite Interoperabilitäts- und viele anderen Regeln, ob das der Schweiz nun gefällt oder nicht.

Kurzum, Infrastrukturen werden zwar immer noch sektoriell bearbeitet – und zwar bis hinauf auf die EU-Ebene –, aber sie sind jetzt viel komplexer und viel dynamischer. Es tummeln sich jetzt auf dem Feld der Infrastrukturen (Schlachtfeld oder Markt?) viel mehr Akteure, nämlich neben den ursprünglichen Staatsunternehmen, die meistens weiterexistieren, neue private Unternehmen oder auch Staatsunternehmen aus anderen Ländern. Neben den traditionellen Staatsstellen (Ämter, Ministerien) gibt es jetzt auch sektorspezifische Regulatoren, Wettbewerbsbehörden und EU-Agenturen.

Die Infrastruktursektoren der Schweiz

2010 hat der Bundesrat – in Tat und Wahrheit das UVEK – seinen ersten und bisher letzten Bericht zur *Zukunft der nationalen Infrastrukturnetze in der Schweiz* veröffentlicht. Darin ging es um eine Vision für die nächsten 20 Jahre (bis 2030). Dieser Bericht war der bisher letzte Versuch vonseiten des UVEK, die Infrastrukturen, deren Wichtigkeit für die Schweiz und deren Weiterentwicklung ganzheitlich und vor allem vernetzt zu denken. Man kann diesen Bericht kritisieren, denn er hat die Herausforderungen kaum identifiziert und noch viel weniger auf ihre Konsequenzen hin analysiert. Auch sagt er nichts zur Gouvernanz, das heisst zur institutionellen Ausgestaltung, und geht von der Idee aus, dass man die Infrastrukturen der Schweiz auch in Zukunft weiterhin gleich administrieren kann oder sogar soll. Aber wenn man sieht, was seither passiert ist, nämlich nicht viel, dann war dieser Bericht schon fast visionär, insbesondere was das Mobility Pricing angeht. Nicht dass ich mir anmasse, es besser machen zu können als das UVEK. Dieses hat mehr Informationen und hätte mehr Ressourcen, um eine Neuauflage eines solchen Infrastrukturberichts aufzugleisen. Aber es hat den politischen Willen dazu nicht und lässt die Ämter wirken. Und die meisten dieser Ämter machen auch gute Arbeit, aber eben in inkrementellen Schritten und mit einer rein sektoriellen Sichtweise.

Der Rest dieses Buchs ist den neuen Rahmenbedingungen und den Herausforderungen an die Infrastrukturen der Schweiz gewidmet (Kapitel 2), und ich werde insbesondere aufzeigen, was all dies für deren Weiterentwicklung (Kapitel 3 und 4) und deren Gouvernanz bedeutet (Kapitel 5 und 6). Aber bevor ich dies tun kann, muss ich die Entwicklung der Infrastruktursektoren der Schweiz, ihren Stand heute und ihre zentralen Akteure kurz Sektor für Sektor zusammenfassen. Ich werde dabei jeweils die folgenden vier Themen anschneiden: (1) Ursprung und Entwicklung des jeweiligen Infrastruktursektors bis zum Beginn der Liberalisierung (1990), (2) die Struktur und Finanzierung des jeweiligen Sektors, (3) die Phase der Liberalisierung des Sektors und (4) dessen heutige institutionelle Ausgestaltung (Gouvernanz).

Postsektor

Die Post hat keine Infrastruktur im eigentlichen Sinn, denn der Transport von Briefen, Paketen, Geld (Postfinance) und Personen (Postauto) findet hauptsächlich auf der Infrastruktur der Strasse (und teilweise der Schiene) statt. Es gibt jedoch gewisse postalische Infrastrukturelemente, nämlich die Poststellen, die Briefkästen und die Sortierzentren.

Trotzdem muss die Post in einem Buch zu den schweizerischen Infrastrukturen behandelt werden, denn sie ist die älteste und die ursprüngliche «Kommunikationsinfrastruktur» der Schweiz und eigentlich eines jeden anderen Lands weltweit. In Europa hat die Post ihren Ursprung in den privaten Kurierdiensten des späten Mittelalters. Mit dem Entstehen der Kantone gingen die grösseren Kantone dazu über, diese Kurierdienste zu konzessionieren, das heisst im Prinzip unter ihre Kontrolle zu bringen, jedoch ohne sie zu besitzen oder zu betreiben. 1848, bei der Gründung des Nationalstaats, wurden diese konzessionierten Kurierdienste dem Bund übertragen und verstaatlicht. Mit der Entwicklung der Telegrafie und der Telefonie wurden beide in die Post integriert und so entstand die PTT (Post, Telefon, Telegraf). Anfang des 20. Jahrhunderts wurde der PTT ebenfalls der Zahlungsverkehr aufgetragen, denn dieser hatte eine wichtige Funktion für die ökonomische Entwicklung des Lands (es gab damals nur untereinander inkompatible und in Konkurrenz stehende Kantonalbanken). Der öffentliche Postautodienst kam 1906 hinzu. Am Anfang profitabel, wurde die Post ab Ende der 1960er-Jahre defizitär und musste zunehmend von der Telekom PTT quersubventioniert werden. Anfang der 1990er-Jahre wurde ein grundlegender Transformationsprozess der Post (und der Telekom) eingeleitet, der 1998 in ihrer Auftrennung mündete und die Post wieder profitabel machte.

Als die für das Land zentralste Kommunikationsinfrastruktur war die Post bis zu ihrer Liberalisierung mehr oder weniger identisch mit dem «Service public». Die Post vernetzte (Netz und Netzwerkeffekte) Sender mit Empfängern und umgekehrt. Und hier spielt die postalische «Infrastruktur» eine zentrale Rolle: Auf der Senderseite sind dies traditionellerweise die Poststellen (Aufgabe von Briefen, Paketen, und Einzahlungen) und die Briefkästen; auf der Empfängerseite ist dies die Zustellung, oft bis an die Haustür. Nach der Liberalisierung des Postsektors wurde der Service public, wie oben ausgeführt, nicht mehr von der Infrastruktur, sondern von der Dienstleistung her definiert und in der Schweiz in «Grundversorgung» (und in der EU in «Universaldienst») umbenannt. Seither geht es nicht mehr um die Poststelle per se, sondern um die Erreichbarkeit eines «Zugangspunkts», und auch nicht mehr um die Zustellung per se, sondern um die «Qualität» der Zustellung. Hat sich die Zustellung und deren Qualität bis heute kaum verändert (Zustellung jeden Tag), so hat es bei den Poststellen in den letzten 30 Jahren grosse Veränderungen gegeben: Ihre Zahl wurde von über 4000 im Jahr 1960 auf heute 800 reduziert. Allerdings wurden die aufgehobenen Poststellen grösstenteils durch Postzugangspunkte in Läden ersetzt. Im internationalen Vergleich ist die postalische Infrastruktur der Schweiz gut ausgebaut und die damit angebotene Grundversorgung von hoher Qualität.

Angesichts der Tatsache, dass es ausser bei den Poststellen keine wirklichen Infrastrukturen gibt, wurde die Liberalisierung des Postsektors durch die EU mit der schrittweisen Reduktion des Monopols bei mehr oder weniger gleichbleibendem Grundversorgungsauftrag gleichgesetzt. In der Schweiz, wie in den meisten anderen Ländern, wurde diese Grundversorgung von der Politik dem historischen Operator, also der Post aufgetragen. Ab 2011 war der Postsektor in Europa gänzlich für den Wettbewerb geöffnet. Aber eine De-facto-Liberalisierung, vor allem im Expressbereich, hatte schon seit den 1980er-Jahren eingesetzt, denn es ist in der Tat fast unmöglich, einem Wettbewerber den Marktzugang zu verweigern, da er dafür nur einen Zugang zur Strasse, nicht aber zur postalischen Infrastruktur braucht. In der Schweiz besteht immer noch ein Restmonopol von 50 Gramm bei den Briefen, das im Prinzip dazu dienen soll, die ungedeckten Kosten des Grundversorgungsauftrags der schweizerischen Post zu kompensieren, denn die Post wird nicht subventioniert. Dies ist einer der Gründe, weshalb die schweizerische Post bei den Briefen heute immer noch einen Marktanteil von über 80 Prozent besitzt. Auch im inländischen Paketmarkt dominiert die Post (über 80 Prozent Marktanteil), wohingegen im grenzüberschreitenden Paketmarkt die Post heute nur noch etwa ein Drittel des Marktanteils hat. Der Zahlungsverkehr war seit je liberalisiert.

Auf institutioneller Ebene ist der Sektor folgendermassen ausgestaltet: Die PTT und ab 1998 die schweizerische Post AG ist der historische Operator des Lands. Dieser wurde «korporatisiert», das heisst von einer Bundesanstalt in eine spezialgesetzliche Aktiengesellschaft (AG) umgewandelt, die zu 100 Prozent im Eigentum des Bunds ist. Die Eigentümerrolle wird vom Generalsekretariat des UVEK (GS-UVEK, offiziell in Zusammenarbeit mit der Eidgenössischen Finanzverwaltung, EFV) wahrgenommen. Als AG wird die Post von einem Verwaltungsrat gesteuert, der vom Bundesrat gewählt ist und der die relativ vagen strategischen Ziele des Bundesrats umzusetzen hat.

Gleichzeitig (1998) wurde im Bundesamt für Kommunikation (BAKOM) eine Abteilung geschaffen, die sich mit der Post-Policy beschäftigt. Für die Aufsicht über die Grundversorgung, die Regulierung des Zugangs zu Postfachanlagen, die Regulierung des Zugangs zu Adressdatenbanken und die Schlichtung im Fall der Schliessung von Poststellen und von Kundenklagen wurde im Jahr 2012, in Anlehnung an die EU, ein Postregulator geschaffen, genannt PostReg, später in PostCom umbenannt. Die Überwachung des Grundversorgungsauftrags der Postfinance ist hingegen beim BAKOM. Diese drei Akteure (GS-UVEK, BAKOM und PostCom), plus Bundesrat und Parlament, sind heute für die Gouvernanz des schweizerischen Postsektors zuständig (siehe dazu ebenfalls Kapitel 5).

War die Post bis zum Zweiten Weltkrieg *die* zentrale Kommunikationsinfrastruktur der Schweiz, so wurde sie nach dem Zweiten Weltkrieg zunehmend von der Telekom abgelöst. Heute betreibt die Swisscom, oder präziser gesagt die Telekomunternehmen, die Kommunikationsinfrastruktur der Schweiz, denn es herrscht unter diesen Unternehmen ein gewisser Infrastrukturwettbewerb. Hingegen bleiben Postdienstleistungen für die Verteilung von Paketen und Kleingütern zentral, insbesondere angesichts des von der Digitalisierung getriebenen E-Commerce. Es handelt sich aber dabei nicht um den Betrieb einer Infrastruktur, sondern um eine Kleingüterlogistik-Dienstleistung.

Telekomsektor

Verglichen mit den anderen Infrastruktursektoren zeichnet sich der Telekomsektor durch die rasanteste und innovativste technologische Entwicklung aus. Die Telekominfrastruktur bestand bis vor Kurzem und besteht teilweise heute immer noch aus Kupferkabeln, zumindest für die «letzte Meile». Auf der Basis dieser Infrastruktur werden Telekomdienstleistungen angeboten. Es war dies in erster Linie die Telefonie; später kam das Fax dazu und heute der Internetanschluss. Mit Wirtschaftswachstum und Verstädterung der Schweiz wurde diese Infrastruktur von der damaligen PTT schrittweise landesweit ausgerollt. Mit dem Aufkommen des Fernsehens hat sich in Teilen des Lands und parallel dazu eine zweite «Kommunikations»-Infrastruktur entwickelt, nämlich die lokalen Kabelnetze. Die Schweiz ist eines der wenigen Länder weltweit mit einem relativ gut ausgebauten parallelen Kabelnetz. Unter dem Druck der Liberalisierung und dank weiterer technologischer Innovationen (Breitbandtechnologie) glichen sich Kabel- und Festnetz immer mehr an, sodass über das Kabelnetz telefoniert und über das Festnetz Fernsehen geschaut werden kann (Stichwort: Konvergenz, siehe Kapitel 4). Ab den 1990er-Jahren entwickelte sich die Mobilfunktechnologie rasant – von 1G bis auf heute 5G –, sodass jetzt zusätzlich auch drahtlos telefoniert und ferngesehen werden kann. Als letzte Entwicklung kamen ab den Nullerjahren die Fiberoptikkabel auf. Diese erlauben ungleich höhere Übertragungskapazitäten, was wiederum neue Dienstleistungen ermöglicht (so zum Beispiel Video-on-Demand (VoD) und Internet of Things (IoT). Diese ersetzen das Kupferkabel und werden ebenfalls vermehrt bis zu den Haushalten ausgerollt. Glasfasern sind heute schon häufig der Backbone einer jeden nationalen Telekominfrastruktur und bilden zusammen mit der mobilen 5G-Telekominfrastruktur eine notwendige Voraussetzung und Grundlage für die Digitalisierung von Wirtschaft und Gesellschft. Schliesslich ist zu bemerken, dass der Betrieb der Telekominfrastruktur sehr lukrativ ist und sich deshalb der Sektor seine eigene Weiterentwicklung bisher immer selbst finanzieren konnte.

Ausser bei den Glasfasern bis zum Haushalt (FTTH oder Fiber-to-the-Home), bei denen wir im Mittelfeld der OECD rangieren, ist die (physische) Telekominfrastruktur der Schweiz im internationalen Vergleich sehr gut ausgebaut. Kritisiert wird der schweizerische Telekomsektor hingegen vor allem für seine im internationalen Vergleich hohen Preise der verschiedenen Dienstleistungen, was in erster Linie auf die schwache Telekomregulierung zurückzuführen ist. Der Service public im Telekomsektor der Schweiz, genannt Grundversorgung, hinkt ebenfalls den technologischen Möglichkeiten hinterher. Diese Grundversorgung wird gesetzgeberisch festgelegt und ist an eine Konzession gebunden, die ausgeschrieben wird; sie wurde aber bis jetzt immer von der Swisscom ohne finanzielle Abgeltung erbracht. Die wichtigste Diskussion dreht sich dabei um die minimale Übertragungsrate beim Internetanschluss (Haushalte), die heute bei nicht sehr ambitiösen 10 Megabit pro Sekunde (Mbit/s) liegt. Auf Druck des Parlaments plant nun der Bundesrat, ab 2024 die Internetgeschwindigkeit signifikant zu erhöhen, um so die *Telekominfrastruktur für die zukünftigen digitalen Herausforderungen zu rüsten.* Aber auch das ist immer noch nicht sehr ambitiös, und müsste Teil einer digitalen Strategie des Bunds sein. Das heisst, die Telekominfrastruktur müsste auf die Digitalisierungsambitionen der Schweiz abgestimmt sein – aber es ist nicht ganz klar, wie diese Ambitionen aussehen (siehe Kapitel 5).

Die Liberalisierung des Telekomsektors fand wie in allen Infrastruktursektoren schrittweise statt. Die Schweiz folgte hier mehr oder weniger zeitgleich der EU-Liberalisierungsagenda. Anfänglich war die Idee der EU, wie in den anderen Netzwerkindustrien Netzzugangswettbewerb zu schaffen. Mit anderen Worten, die Kupferkabelinfrastruktur der damaligen Monopolistin (Telekom PTT) zu entbündeln, um so den Konkurrenten Zugang zu den Endkunden zu ermöglichen. Dies kam aber in der Schweiz erst mit einer zehnjährigen Verspätung gegenüber der EU-Agenda zustande. In der Zwischenzeit hatten die (technologische) Konkurrenz der Kabelnetzbetreiber sowie der aufkommende Mobilfunk bereits Alternativen entwickelt. Heute beschränkt sich die Regulierung im Telekomsektor auf die Interkonnexion der Netze, das Roaming, die Nummern-Portabilität und die Vergabe der Mobilfunklizenzen, denn es herrscht unter den drei grossen Telekomanbietern, im Unterschied zu allen anderen Infrastruktursektoren, ein gewisser Infrastrukturwettbewerb.

Auf institutioneller Ebene ist wie bei der Post 1998 das Schlüsseljahr: Die PTT wurde aufgelöst und die Swisscom in eine spezialgesetzliche Aktiengesellschaft übergeführt. Gleichzeitig wurde ein sektorspezifischer Regulator geschaffen, die eidgenössische Kommunikationskommission (ComCom). Die Gouvernanz des Sektors bleibt aber insofern unsauber, als dass die ComCom nicht wirklich von Politik und Verwaltung unabhängig ist, da das Fachsekretariat der ComCom an das Bundesamt für Kommunikation (BAKOM) ausgelagert ist. Auch in Sachen Eigentum bleibt die Schweiz im internationalen Vergleich eine Anomalie, insofern als Swisscom immer noch im Mehrheitsbesitz (51 Prozent) des Bunds ist, was seinerseits die unsaubere Regulierung erklärt (siehe dazu ebenfalls Kapitel 5).

Eisenbahnsektor

Die Eisenbahninfrastruktur besteht aus Schienen und Bahnhöfen und ein paar anderen Dingen mehr wie Rangierbahnhöfen, Brücken und vielen Tunnels. Auf dieser Infrastruktur fahren Personen- und Güterzüge. Die SBB AG ist Eigentümerin des weitaus grössten Teils der Bahninfrastruktur; der BLS Netz AG gehören seit 2009 die Lötschberg-Linie plus einige weitere Strecken. Die Lötschberg-Linie wiederum gehört zu 50,1 Prozent dem Bund (der Rest der BLS AG und dem Kanton Bern). Das ist ein ziemlich komplexes, aber historisch bedingtes Konstrukt. Der schweizerische Eisenbahnsektor ist aber weitaus mehr als SBB und BLS, denn er umfasst 67 Bahnunternehmen. Der Ursprung der Eisenbahn in der Schweiz im 19. Jahrhundert geht auf den Privatsektor zurück. Ende des 19. Jahrhunderts gab es fünf Privatbahnen, die teilweise von Kantonen dominiert waren. 1898 wurden diese verstaatlicht und in die SBB übergeführt. Im Jahr 1920 erreichte die SBB das Streckennetz, das sie heute noch hat. Eine Anomalie ist die BLS, die bis heute im Eigentum des Kantons Bern verblieb. Zu erwähnen ist ebenfalls die RhB (Rhätische Bahn), die den Kanton Graubünden abdeckt (und ihm gehört) und als Schmalspurbahn nicht mit dem Eisenbahnnetz der Schweiz verbunden ist. Die beiden Weltkriege führten zur vollständigen Elektrifizierung der Bahnen, viel früher als in den umliegenden Ländern, da es darum ging, sich von Kohleimporten unabhängig zu machen. Der Autoboom der Nachkriegsjahre führte zwar nicht zum Abbau der Eisenbahninfrastrukturen (wie dies in allen anderen Ländern der Fall war), generierte aber grosse Defizite, die seither vom Staat kompensiert werden mussten und immer noch müssen.

Heute ist jedoch das schweizerische Bahnsystem nachhaltig und sauber finanziert. Dies betrifft sowohl die Infrastruktur als auch deren Unterhalt (siehe Kapitel 5) und Betrieb: Für den Fernverkehr hat die SBB eine Konzession, jedoch ohne finanzielle Unterstützung. Die sogenannten gemeinwirtschaftlichen Leistungen, eine Art Grundversorgung im regionalen Personenverkehr (RPV), werden von den Kantonen und dem Bund gemeinsam abgegolten. Kurzum, das schweizerische ÖV-System hat heute einen Eigenfinanzierungsgrad von über 50 Prozent. Die andere Hälfte davon (etwa 5 Milliarden CHF pro Jahr) wird von der öffentlichen Hand finanziert, und wiederum ein bisschen mehr als die Hälfte davon stammt vom Bund (mehr als 3 Milliarden CHF pro Jahr), der Rest kommt von den Kantonen und den Gemeinden (siehe auch: Finger, 2019).

In Sachen Liberalisierung hinkt die Schweiz der EU weit hinterher. Sie hat einzig das erste Eisenbahnpaket von 2001 übernommen, jedoch zeitlich vor der EU den Güterverkehr liberalisiert. Aber dabei blieb es. Auch ohne Liberalisierung – oder vielleicht gerade deswegen – ist die Schweiz im ÖV, insbesondere auf der Schiene, ein Leader und ein Modell im internationalen Vergleich. Speziell zu erwähnen sind der Taktfahrplan, das integrierte Tarif- und Verkehrssystem (das 240 Transportunternehmen umfasst), die Qualität, die Pünktlichkeit und der Modalsplit sowohl beim Personen- (20 Prozent) wie auch beim Gütertransport (40 Prozent). Dementsprechend sind die Schweizerinnen und Schweizer heute, zumindest in Europa, die Champions des ÖV und legen heute beinahe 2500 Kilometer Distanz per Bahn pro Jahr zurück. Als nächstes Land folgt Österreich mit weniger als 1500 Kilometern pro Jahr und Person. Somit hat die Schweiz ebenfalls das am intensivsten genutzte Netz der Welt (gemessen an der Anzahl Züge pro Schienenkilometer und Tag). Das Ganze ist natürlich teuer, jedoch zentral für die Lebensqualität und die Standortattraktivität des Lands. Aber das Bahnsystem kommt heute wie alle Infrastrukturen an seine Grenzen, wie wir im nächsten Kapitel sehen werden.

Der erwähnte Erfolg ist umso erstaunlicher, als es bei der Gouvernanz der Eisenbahn ziemlich hapert, denn diese ist nicht sauber aufgestellt: Mein in meinem früheren Buch (2019) im Detail ausgeführter Kritikpunkt ist, dass die SBB vom BAV (Bundesamt für Verkehr) übersteuert wird. Statt sich auf die Formulierung der Policies, das heisst die Politikberatung zu beschränken, versucht sich das Amt im operationellen Management der SBB, macht gleich selbst Politik, und sieht sich ebenfalls als Eisenbahnregulator, sodass der Regulator, die RailCom, bis heute ein zahnloses Gebilde blieb. Daneben gibt es noch eine sogenannte unabhängige Trassenvergabestelle in Form einer Bundesanstalt, die das Ganze noch komplexer macht (und verteuert) und ausserdem bei einer sauberen Regulierung des Sektors nicht nötig wäre. Und jetzt will das BAV noch eine zusätzliche Mobilitätsdateninfrastruktur-Anstalt schaffen. Kurzum, die schweizerische Eisenbahninfrastruktur ist im internationalen Vergleich von sehr guter Qualität, aber eben teuer, und ein nicht zu unterschätzender Teil der Kosten hat mit der defizienten Gouvernanz zu tun (mehr dazu in Kapitel 5).

Strassensektor

Im Unterschied zur Eisenbahn war der Strassensektor nie vertikal integriert. Wir sprechen deshalb nur von der «Infrastruktur per se» und nicht von den Dienstleistungen auf dieser Infrastruktur. Die Infrastruktur besteht aus Autobahnen (etwa 2 Prozent), Hauptstrassen (26 Prozent) und den übrigen Strassen (72 Prozent) und ist heute sehr gut ausgebaut und in bestem Zustand. Auf diesen Strassen fahren Personenkraftwagen (PKW), Lastwagen, Busse, aber auch Motorräder und Velos und neuerdings E-Bikes und Trottinette, wenn sie nicht gerade das Trottoir der Fussgänger benutzen. Das Strassennetz, insbesondere das Autobahnnetz, hat sich vor allem mit dem Autoboom der Nachkriegsjahre entwickelt. Es ist nun fast fertig gebaut. Parallel dazu haben sowohl die Personenmobilität wie auch der Gütertransport seit 1970 jedes Jahr um etwa 2 Prozent zugenommen. In den letzten 20 Jahren kamen zum Beispiel fast ein Drittel mehr immatrikulierte Personenfahrzeuge hinzu. Die meisten Nationalstrassen sind bereits am Limit, was sich in Staus, Zeitverschwendung und Umweltverschmutzung niederschlägt. Angesichts des beschränkten verfügbaren Raums und des Widerstands der Bevölkerung ist es heute schwierig, wenn nicht unmöglich, noch mehr Nationalstrassen zu bauen.

Die schweizerischen Strassen sind ausnahmslos im öffentlichen Besitz und von der öffentlichen Hand finanziert: Die Nationalstrassen (die Autobahnen plus einige Strassen von nationaler Bedeutung) gehören dem Bund, die Kantonsstrassen den Kantonen und was darunter liegt den Gemeinden. Der Kostendeckungsgrad der Strasseninfrastrukturen durch deren Benutzer ist zwischen 85 Prozent und 90 Prozent. Ich konzentriere mich hier nur auf die Nationalstrassen, also den Backbone des Strassensystems Schweiz. Das stellt etwa das Äquivalent des Fernverkehrsnetzes (Inter-City) der SBB dar. Seine Aufgabe ist es, den internationalen Transitverkehr, die Anbindung an das Ausland, das Verbinden der Agglomerationen und Städte miteinander und den Zugang zu den grossen Tourismusregionen zu gewährleisten. Finanziert werden Betrieb, Unterhalt und Ausbau der Nationalstrassen grösstenteils durch den Mineralölsteuerzuschlag. Für Fertigstellung und Engpassbeseitigung der Nationalstrassen gibt es zusätzlich einen bis 2027 befristeten Infrastrukturfonds. Solange die Autos und LKWs mit Benzin und Diesel fahren, ist also die Finanzierung der Nationalstrassen gesichert.

Bei den Dienstleistungen auf der Strasse gibt es keinen Service public, ausser beim regionalen Personenverkehr (Busse) und bei den städtischen Verkehrsbetrieben. Umgekehrt ist es jedoch so, dass die Strassen, und nicht nur die Nationalstrassen, die zentrale Infrastruktur für Wirtschaft und Gesellschaft sind: Etwa 80 Prozent des Personen- und mehr als 60 Prozent des Güterverkehrs finden auf der Strasse statt. Und auch beim alpenquerenden Güterverkehr finden immer noch 28 Prozent der Gütertransporte auf der Strasse statt. Die Beziehungen zwischen der EU und der Schweiz in Sachen Strassen sind im Landesverkehrsabkommen von 2002 geregelt, das vorläufig immer noch Gültigkeit hat. Dieses regelt nur die grenzüberschreitenden Beziehungen, sodass die Schweiz von der Liberalisierung des EU (Strassen-) Binnenmarkts nicht profitieren kann. Umgekehrt ist der schweizerische Binnenmarkt vor der EU-Konkurrenz ebenfalls geschützt. Im technischen Jargon: Die grosse (grenzüberschreitende) Cabotage ist seit 2005 erlaubt, die kleine (Binnenmarkt-)Cabotage hingegen nicht, auch wenn 2009 eine gewisse Aufweichung dieser Regel stattgefunden hat.

Was die Gouvernanz betrifft, so ist sie nicht ganz sauber aufgestellt, denn das ASTRA ist von der Politikberatung (die strategischen Aufgaben) über die operationellen Aufgaben für den Bau und Betrieb der Nationalstrassen bis hin zur Regulierung zuständig. 2018 schlug das ASTRA deshalb bemerkenswerterweise selbst vor, den Bau und den Betrieb des Nationalstrassennetzes (das heisst die operationellen Tätigkeiten) in eine Anstalt oder sogar eine spezialrechtliche AG auszulagern, analog SBB. Diese ausgezeichnete Idee schaffte jedoch Ende 2021 die Hürde des UVEK nicht (mehr zur Gouvernanz im Strassensektor in Kapitel 5).

Sektor Zivilluftfahrt
Die Zivilluftfahrt ist der jüngste Infrastruktursektor und besteht aus drei Elementen, die zusammen ein nationales Luftfahrtsystem bilden: Flugsicherung, Flughäfen und Fluggesellschaften. Die Zivilluftfahrt beginnt nach dem Ersten Weltkrieg, entwickelt sich aber wirklich erst seit dem Zweiten Weltkrieg (Bau der Flughäfen) und boomt erst so richtig in den letzten 30 Jahren. Zwischen 2000 und 2019 (also vor COVID) hat sich der zivile Flugverkehr in der Schweiz verdoppelt. Die Flugsicherung ist klar eine (nationale, monopolistische) Infrastruktur, vergleichbar mit der Strassen- oder der Schieneninfrastruktur. Über Flughäfen kann man sich streiten, aber auch diese werden generell der Infrastruktur zugeordnet. In der Schweiz sind die Flughäfen Zürich, Genf und Basel solche Infrastrukturen von nationaler Bedeutung. Dazu kommen regionale Flughäfen, die ich aber hier weglasse. Dank dieser beiden Infrastrukturelemente können Fluggesellschaften, Geschäftsflieger und Freizeitflieger operieren. Der weitaus grösste Teil der Flugbewegungen (Starts und Landungen) stammt von der sogenannten General Aviation (Businessflieger, Freizeitflieger), jedoch beinahe 100 Prozent der Passagiere benutzen Linien- und Charterflüge. Wie Strassen und Schienen sind diese ein zentraler Standortfaktor für das Land, insbesondere bei der internationalen Anbindung und für den Tourismus. Ich werde in Kapitel 4 speziell auf die beiden Infrastrukturelemente Flugsicherung (erbracht von Skyguide) und Flughäfen, insbesondere die drei Landesflughäfen Zürich, Genf und Basel, zurückkommen. Auch diese Infrastrukturen kommen oder zumindest kamen vor COVID an ihre physischen Grenzen.

Der Luftfahrtsektor wird nicht wirklich als Service public betrachtet und ist deshalb seit den 1990er-Jahren liberalisiert. Die Schweiz folgt dabei der EU, die auch die meisten für die Schweiz relevanten Regulatorien definiert, die wir meistens einfach übernehmen. Angefangen hat die Liberalisierung bei den Flugstrecken, die in drei Schritten ab 1987 vollständig liberalisiert wurden. Seit 1993 ist der europäische Luftverkehrsmarkt vollständig liberalisiert und schliesst die kleine Cabotage ein (siehe oben Strassen). Eine europäische Fluggesellschaft kann nun in jedem anderen EU-Land auch inländische Ziele bedienen. Dies erklärt den Boom der Low-Cost-Gesellschaften und damit das exponentielle Wachstum des Luftverkehrs in Europa. Da wir nicht in der EU sind, ist uns aber diese kleine Cabotage verwehrt. Seit Mitte der 1990er-Jahre versucht die EU ebenfalls die Flughäfen zu liberalisieren, angefangen mit der Bodenabfertigung und später auch mit der wettbewerbsneutralen Slot-Vergabe – eine Entwicklung, die die Schweiz mitgemacht hat. Seit 1999 versucht die EU ebenfalls die Flugsicherung neu zu organisieren. Hier geht es weniger um die Liberalisierung als um eine effizientere Bewirtschaftung des nationalen und vor allem des europäischen Luftraums. Die Idee ist wie bei der Eisenbahn oder der Elektrizität, eine einzige interoperable und effiziente Infrastruktur zu schaffen, genannt Single European Sky (SES). Es geht dabei klar um eine Europäisierung der Flugsicherung, wovon Skyguide direkt betroffen ist (siehe Kapitel 2).

Die Gouvernanz des Luftfahrtsektors in der Schweiz ist, angesichts der Wichtigkeit der Sicherheit, global von der UNO (ICAO) und in Europa von der EU (EASA) geprägt. Die Landesflughäfen sind lokales Eigentum und Skyguide ist eine nicht gewinnorientierte Aktiengesellschaft, die dem Bund gehört. Das BAZL, das Bundesamt für Zivilluftfahrt, ist im Grund genommen ein Durchlauferhitzer, der zudem sowohl die Rollen der Politikberatung und der Regulierung als auch des Eigentümers von Skyguide (in Zusammenarbeit mit der EFV) kumuliert; also eine nicht sehr saubere Gouvernanz, ähnlich derjenigen im Eisenbahnsektor. Im Eisenbahnsektor gibt es aber zumindest auf dem Papier einen unabhängigen Regulator (mehr dazu in Kapitel 5).

Stromsektor

Vor seiner Liberalisierung im Jahr 2007 setzte sich der Stromsektor der Schweiz aus etwa 850 (heute etwa 600) Unternehmen der Produktion, der Übertragung, der Verteilung und des Verkaufs von Elektrizität zusammen, der Grossteil (90 Prozent) in kommunalem (Stadt- und Gemeindewerke) und einige in kantonalem Besitz. Die Schweiz hat damit den meistfragmentierten Stromsektor der Welt. Zusammen haben diese Unternehmen die Stromversorgung des Lands organisiert, denn der Strom war bis in die 1980er-Jahre eine Kantons- und nicht eine Bundesangelegenheit. Technisch besteht der Elektrizitätssektor aus der Stromproduktion einerseits und den Netzen andererseits. Bei den Netzen unterscheidet man gewöhnlich zwischen Übertragungs- oder Hochspannungsnetz (im Besitz der sogenannten Überlandwerke) und Verteilnetz (im Besitz der etwa 600 Elektrizitätsversorgungsunternehmen, EVU). Die Netze dienen dazu, den Strom zu transportieren und stellen die Infrastruktur im eigentlichen Sinn dar. Wie in allen entwickelten Ländern folgt der Stromkonsum dem Wirtschaftswachstum, das heisst, er hat seit dem Zweiten Weltkrieg stets zugenommen und wächst weiter, zwar nicht mehr pro Kopf, jedoch absolut wegen des Bevölkerungswachstums. Der grösste Teil des Stroms wird in der Schweiz selbst produziert, und zwar etwa 60 Prozent aus Wasserkraft (538 Wasserkraftwerke) und etwa 30 Prozent aus Atomkraftwerken (vier, abnehmend). Während der letzten 20 Jahre wurden fast keine neuen Produktionskapazitäten zugebaut, und mit der Energiestrategie 2050 wurde 2017 beschlossen, die bestehenden Atomkraftwerke nicht mehr zu erneuern. Weil der Stromkonsum im Land trotzdem immer noch zunimmt und wegen der saisonalen Variabilität der Wasserproduktion steuert die Schweiz unaufhaltsam auf einen Stromengpass zu, verstärkt noch durch unsere komplexen Beziehungen zur EU. Kurzum, sie ist nun von einem Nettoexporteur zu einem Nettoimporteur geworden.

Aber die Schweiz zeichnet sich noch durch weitere Spezifitäten aus. Dank ihrer günstigen geografischen Lage im Herzen Europas ist die Schweiz eine wichtige Stromdrehscheibe und somit technisch besser vernetzt mit Europa als jedes andere EU-Land. Fast ein Viertel des Stroms von Europa fliesst durch die Schweiz, was das Schweizer Übertragungsnetz stark belastet und zusätzliche Kosten verursacht. Zudem waren in der Vergangenheit Stromimport und Stromexport das Businessmodell der Überlandwerke. Der gesamte Sektor hatte sich selbst finanziert und für viele Kantone und Gemeinden beträchtliche Gewinne abgeworfen. Kurzum, die Schweiz spielte bis in die 1990er-Jahre eine zentrale Rolle im europäischen Stromaustausch.

Dies hat sich seit der Liberalisierung des Stromsektors in Europa ab 1996 grundlegend geändert: Während die EU in vier Energiepaketen einen europaweiten Strombinnenmarkt geschaffen hat, wurde (oder eher hat sich) die Schweiz schrittweise isoliert und ist heute, ohne bilaterales Stromabkommen, de facto ausgeschlossen, mit noch unabsehbaren Konsequenzen für die schweizerische Netzstabilität und die Versorgungssicherheit: Das Businessmodell ist ruiniert, die Durchleitung wird kaum mehr abgegolten, die sogenannten Ringflüsse der EU bedrohen unsere Netzstabilität und Strom aus Europa ist kaum mehr zu haben. Dies ist sehr bedauerlich, denn die Schweiz hatte bis anhin eine hohe Stromversorgungsqualität, einen dekarbonisierten Produktionsmix und ein sicheres und technisch hochstehendes und gut ausgebautes Übertragungs- und Verteilnetz (siehe ebenfalls Kapitel 2 und 4). Dennoch und paradoxerweise ist der Stromsektor derjenige Sektor, in dem die Gouvernanz sowohl am saubersten als auch am eurokompatibelsten ist: In der Umsetzung der drei ersten Energiepakete hat die Schweiz das Eigentum der verschiedenen Teile des Übertragungsnetzes in die Netzgesellschaft Swissgrid AG übergeführt, den sogenannten TSO (für Transmission System Operator), den Strommarkt zumindest für Grossverbraucher liberalisiert und einen unabhängigen sektorspezifischen Regulator, die ElCom, geschaffen. Die ElCom reguliert unter anderem den Netzzugang und die Netznutzungstarife und soll die Kleinverbraucher schützen.

Gassektor

Etwa 13 Prozent der in der Schweiz verbrauchten Energie stammen aus Gas. Gas wird vor allem für Heizung (etwa ein Drittel), Industrieproduktion (etwa ein Drittel) und zu einem geringen Anteil für den Transport und die Stromerzeugung verwendet. Der Gassektor besteht aus dem Gastransport- und Verteilnetz und dem Gas, das darauf transportiert wird. Gasproduktion und Gasverteilung entstanden schon Ende des 19. Jahrhunderts, vor allem in den Städten und in einigen Gemeinden. Ab den 1970er-Jahren schlossen sich die Gas-Stadtwerke zu Verbünden zusammen und verbanden sich mit Transportnetzen, die ihrerseits ans europäische Netz angeschlossen wurden. Diese Netze decken deshalb nicht die gesamte Schweiz ab und sind vor allem auf der Ost-West-Achse zu finden. Etwa 900 Gemeinden werden von 120 lokalen Versorgern von Erdgas beliefert. Letztere haben sich wiederum zu vier Regionalgesellschaften zusammengeschlossen. Diese vier Regionalgesellschaften sind ihrerseits die Eigentümer der Swissgas AG, die seit 1971 das Gas in die Schweiz importiert. Gas wird heute fast nur im Ausland (und zwar vorwiegend ausserhalb Europas) gefördert und deshalb importiert. Neuerdings wird auch Biogas ins schweizerische Netz eingespeist. Eine Nord-Süd-Transitgasleitung (Teil der Nordsee-Italien-Pipeline) durchquert seit Anfang der 1970er-Jahre die Schweiz. Die entsprechende Transitgas AG gehört wiederum zu 51 Prozent der Swissgas AG. Der Gassektor entstand also bottom-up, hat sich selbst organisiert und selbst finanziert. Mit der Energiewende, der sich abzeichnenden Stromlücke, den neuerlichen Versorgungssicherheitsproblemen und der Konvergenz im Energiesektor wird der Gassektor jedoch politisch (und auch geopolitisch) immer wichtiger und hat zunehmend Mühe, sich unter dem Radar der Politik durchzuwursteln.

Angefangen hat die politische Kontrolle des Gassektors mit der Gasmarktliberalisierung der EU seit den 1990er-Jahren. Wie in den anderen Infrastruktursektoren arbeitet die EU seither an der Schaffung eines Gasbinnenmarkts mit vollständiger Marktöffnung, Abschaffung der Importmonopole, Unbundling, reguliertem Netzzugang für alternative Anbieter, unabhängigem Regulator usw., genau wie im Elektrizitätssektor. Die schweizerische Gasindustrie hat sich aber bis heute erfolgreich vor dieser Liberalisierungsdynamik der EU schützen können. Seit 2019 arbeitet das BFE an einem nicht sehr mutigen Gasversorgungsgesetz. Dieses könnte aber zu spät kommen, denn seit dem Ukraine-Krieg herrscht dringender Handlungsbedarf, damit man sich mit der EU auch im Gassektor einigen beziehungsweise Gas importieren könnte. Kurzum, wir brauchen jetzt dringend ein Gasabkommen, haben aber der EU nichts zu bieten.

Wasserversorgung und Abwasserentsorgung

Wasserversorgung und Abwasserentsorgung sind nicht wirklich vergleichbar mit den obigen sieben Infrastruktursektoren. Sie sind aber, zusammen mit der Abfallentsorgung und der Abfallverwertung, ganz zentrale Infrastrukturen, ohne die kein Land funktionieren kann. Ich erwähne in diesem Kapitel deshalb nur einige Charakteristiken dieser Infrastrukturen, werde aber in Kapitel 4 ausführlicher auf sie zurückkommen. Wie wir dort sehen werden, sind die Wasserinfrastrukturen in der Schweiz gut ausgebaut und von sehr guter Qualität, kommen aber allmählich an ihr Lebensende.

Zuallererst handelt es sich um lokale Infrastrukturen, die, wenn auch wichtig, nicht auf dem Radar der nationalen Politik sind. Zudem sind in der Schweiz dafür die Kantone und in einigen Kantonen die Gemeinden zuständig. Auch gibt es keinen Druck vonseiten EU in Richtung Liberalisierung der Wasserversorgung und -entsorgung. Es gibt zwar die Möglichkeit, einen gewissen Wettbewerb in diese beiden Sektoren zu bringen, jedoch handelt es sich dabei um Ausschreibungs- und nicht um Netzzugangswettbewerb. Sowohl beim Trinkwasser als auch beim Abwasser bestehen, technisch bedingt, immer vertikal integrierte lokale Monopole. Der Transport von Wasser über längere Distanzen ist teuer und ein vertikal integriertes lokales Wasserunternehmen ist nun einmal effizienter als ein künstlich auseinandergenommenes.

Das heisst aber nicht, dass nicht trotzdem auch in der Schweiz früher oder später private Unternehmen lokale Trink- und Abwasserinfrastrukturen betreiben werden, aber eben als Monopole und nicht im Wettbewerb. Von der Weltbank wird das sogenannte französische Modell portiert, das in Frankreich seit über 100 Jahren erfolgreich zur Anwendung kommt, nämlich Public-Private Partnerships (PPPs). Dabei werden Wasserversorgung und -entsorgung entweder zusammen oder getrennt ausgeschrieben; das Unternehmen, das die Ausschreibung gewinnt, erhält dann eine zeitlich befristete Konzession, typischerweise von 10 bis 15 Jahren. Dies ermöglicht, wenn auch nicht das Entstehen eines Markts, so zumindest einen gewissen Wettbewerbsdruck. Um diesen Prozess zu begleiten und die privaten Operatoren zu überwachen, bräuchte es natürlich einen entsprechenden Regulator.

Schlussbemerkungen

Wie wir sehen, sind die Infrastrukturen in der Schweiz gut aufgestellt: Sie sind von guter Qualität, landesweit ausgebaut und meistens (und zumindest vorläufig) solide finanziert. Die meisten kommen aber an ihre Kapazitätsgrenzen, insbesondere im Transport (Strassen, vor allem die Nationalstrassen, die Eisenbahn, vor allem auf den Hauptachsen, die Flughäfen, zumindest vor COVID), aber auch im Strom- und im Gassektor, wenn auch aus verschiedenen Gründen. Zudem wird es zunehmend schwieriger, neue Infrastrukturen zu bauen, da die Bevölkerung diese nicht in ihrem Hinterhof haben möchte und das Land bereits zugebaut ist. Das Ganze ist auch silomässig gebaut, wird ebenso betrieben und vor allem so administriert, was noch eine viel grössere Grenze darstellt, aber eine, bei der wir sofort etwas tun könnten.

Ab den 1990er-Jahren fand unter dem Druck der EU eine Liberalisierung der verschiedenen Infrastruktursektoren statt (ausser im Wassersektor), die wir halbherzig mitgemacht haben. Die entsprechende Gouvernanz hat sich aber kaum entwickelt: So haben wir heute, ausser im Stromsektor, keine saubere Regulierung und vor allem keine klare institutionelle Entflechtung zwischen Politikberatung, Regulierung und Betrieb (siehe Kapitel 5). Parallel dazu hat die Liberalisierung zu einer gewissen technologischen Dynamik in den verschiedenen Infrastruktursektoren und teilweise zwischen den verschiedenen Infrastruktursektoren geführt (siehe Kapitel 4), die institutionell noch überhaupt nicht abgebildet ist und sich teilweise auch nicht voll entfalten kann, weil viele sektorspezifische Regeln dies verhindern.

Mit anderen Worten, seit den 2010er-Jahren entstehen grundlegend neue technologische und gesellschaftliche Rahmenbedingungen und auch die EU steht nicht still, wie ich im nächsten Kapitel aufzeigen werde. Diese Rahmenbedingungen werden uns früher oder später zwingen, aus unserer Silo-Angehensweise der Infrastrukturen auszubrechen, und früher wäre besser als später. Wieso das zunehmend notwendig wird, was das genau bedeutet für die Infrastrukturen und deren Gouvernanz und wie wir konkret vorgehen sollten, werde ich in der Folge dieses Buchs darlegen.

Kapitel 2

Neue Rahmenbedingungen

Der Erfolg der Schweiz ist sicher zu einem beträchtlichen Teil das Resultat der gut ausgebauten und gut funktionierenden Infrastrukturen. Die Entwicklung dieser Infrastrukturen war möglich dank politischer Weitsicht und auch einem bisschen Glück: Die Schweiz konnte sich aus dem Zweiten Weltkrieg (und auch aus dem Ersten Weltkrieg) heraushalten; mit anderen Worten, die Infrastrukturen waren nicht zerstört wie in den anderen Ländern Europas und mussten nicht wieder neu aufgebaut werden. Insbesondere nach dem Zweiten Weltkrieg konnte das Land direkt loslegen und von den europäischen Arbeitskräften profitieren. Dank des Wirtschaftswachstums wurden neue Infrastrukturen gebaut und die bereits existierenden weiter ausgebaut, und zwar Sektor für Sektor. Das wiederum machte und macht immer noch einen beträchtlichen Teil der Standortattraktivität des Lands aus.

Aber die Rahmenbedingungen haben sich zuerst in den 1990er-Jahren (Globalisierung, Liberalisierung, EU) und nochmals ab den 2010er-Jahren geändert. Das Resultat ist, dass nicht nur die Infrastrukturen, sondern eigentlich das ganze Land mit neuen Herausforderungen konfrontiert ist, die, so zumindest mein Argument, zu einer neuen Angehensweise – einer neuen Grundlogik – der Infrastrukturen führen müssen. Diese Herausforderungen korrekt zu identifizieren ist die Krux der Sache, und deshalb ist dies auch das wichtigste Kapitel dieses Buchs. Was die neuen Rahmenbedingungen und zentralen Herausforderungen für ein Land wie die Schweiz sind, ist natürlich in erster Linie eine persönliche Einschätzung und man kann durchaus anderer Meinung sein, aber ich hoffe, dass meine Überlegungen zumindest nachvollziehbar sind. In diesem Kapitel werde ich also diese neuen Rahmenbedingungen im Detail beschreiben. In Kapitel 3 und 4 werde ich dann zeigen, wie sie die Infrastrukturen und unseren Umgang mit Infrastrukturen herausfordern.

Zwei dieser neuen Rahmenbedingungen sind die gleichen wie für andere Länder auch, zumindest die gleichen wie in vergleichbaren Ländern Europas: nämlich der Klimawandel (und all seine Konsequenzen) und die Digitalisierung. Obwohl sich diese beiden neuen Rahmenbedingungen schon seit den 1970er-Jahren abzeichnen, sind wir uns ihrer erst während der letzten 10 bis 15 Jahre so richtig bewusst geworden. Ich werde sie in einem zweiten Schritt behandeln. Beginnen werde ich mit den Rahmenbedingungen, die, obwohl auch schon seit über 50 Jahren am Wirken, uns weniger bewusst sind. Dies ist wahrscheinlich dadurch zu erklären, dass sie schleichender voranschreiten, schweizspezifischer sind und jedenfalls weniger offen und dramatisch diskutiert werden. Der Prozess besteht einerseits aus der unaufhaltsam voranschreitenden Verdichtung, Verbauung und Verstädterung des Lands. Und es ist andererseits die ebenso unaufhaltsam voranschreitende Europäisierung des Kontinents, zu dem wir gehören.

Verdichtung, Verbauung und Verstädterung

Infrastrukturen und Verstädterung bedingen sich gegenseitig: Einerseits fördern die Infrastrukturen die Verstädterung, und umgekehrt braucht die Verstädterung mehr und bessere Infrastrukturen. Man kann von der Annahme ausgehen, dass in einem hochentwickelten Land wie der Schweiz etwa 25 Prozent der bebauten Fläche aus Infrastrukturen und die restlichen 75 Prozent aus Wohnflächen, Büros, Fabriken und sekundären Infrastrukturen bestehen (wie Schulen, Spitäler, Museen, Gefängnisse usw.). Unter dem Bodem sind diese Proportionen eher umgekehrt: Ein Grossteil des bebauten Untergrunds sind Infrastrukturen, nämlich Röhren, Leitungen, Kabel, Tunnels usw., die sich zunehmend in die Quere kommen. Das ist in der Schweiz nicht anders als in allen anderen industrialisierten Ländern auch. Während Infrastrukturen und Verstädterung zunehmen, bleibt der verfügbare Boden konstant. Das alles hängt mit dem Bevölkerungswachstum zusammen, und davon gibt es in der Schweiz viel: Wie gesagt kommt die Schweiz unversehrt aus dem Zweiten

Weltkrieg heraus und kann vom Wirtschaftswachstum der 1950er-Jahre in Europa voll profitieren. Dafür braucht es Arbeitskräfte, und die Schweiz wird nach dem Zweiten Weltkrieg zum Einwanderungsland par excellence und ist dies seither geblieben.

Und das Bevölkerungswachstum ist enorm: Von 4,5 Millionen Einwohnern ist die Schweiz in den letzten 60 Jahren auf 9 Millionen gewachsen (Projektion für Ende 2022) und hat somit eine Verdoppelung der Bevölkerung erlebt. Für die Periode 2020 bis 2050 wird nochmals ein über 20-prozentiges Wachstum und somit ein abermaliger Bevölkerungszuwachs um 1,8 Millionen Einwohner erwartet. Das ist im europäischen Vergleich, nach Norwegen und Luxemburg, das grösste Bevölkerungswachstum. Ein beträchtlicher Teil dieses Bevölkerungswachstums ist auf die Einwanderung zurückzuführen. 2020 sind etwa 25 Prozent der Schweizer Bevölkerung im Ausland geboren. Das ist doppelt so viel wie in den USA, einem klassischen Immigrationsland. Dieser Anteil ist nur in Liechtenstein und Luxemburg grösser, aber so nicht vergleichbar, denn die Schweiz ist ein globales Einwanderungsland. Kurzum, die Schweiz ist wahrscheinlich das weltweit am meisten globalisierte Land, wenn es um die Zusammensetzung der Bevölkerung geht. Das ist nicht nur auf das Wirtschaftswachstum, sondern auch auf die weltoffene Kultur zurückzuführen. Dies ist klar eine Stärke und ein einmaliger und wahrscheinlich unnachahmbarer Standortvorteil.

Dies macht die Schweiz zwar nicht zum am dichtesten bevölkerten Land Europas – Holland, Belgien, England und Deutschland sind laut Statistik dichter bevölkert. Aber das trügt, denn man muss die Bevölkerung ins Verhältnis zur tatsächlich besiedelbaren Fläche setzen, und dann sieht das Bild ganz anders aus: Etwa ein Viertel des Lands ist unproduktiv (Gewässer, hochalpine Gebiete usw.). Weitere 30 Prozent sind Wälder und somit (vorläufig) geschützt. Ausserdem liegt etwa die Hälfte des Lands über 1000 Meter hoch und ist somit schwieriger zu besiedeln. Kurzum, nur etwa 50 Prozent des Lands sind besiedelbar, und somit sind wir auf den restlichen 50 Prozent über der Bevölkerungsdichte von Holland und vergleichbar mit Indien und Israel. Dies hat, so meine ich, Konsequenzen auf die Art und Weise, wie wir die Schweiz betrachten sollten, nämlich als eine einzige Metropolitanregion, zusammengesetzt aus fünf Metropolitanräumen, die wiederum aus Agglomerationen bestehen.

Metropolitanregion Schweiz

Kurzum, der dicht besiedelte Teil der Schweiz ist heute schon eine einzige Metropolitanregion – von St. Gallen bis Genf und von Basel bis Luzern – und wird es in Zukunft noch mehr sein. Dort drängen sich Bevölkerung und Infrastrukturen auf dichtestem Raum zusammen. Und so sollte sich die Schweiz auch verstehen – und idealerweise dementsprechend organisieren. Diese Metropolitanregion besteht einerseits aus dicht bebauten und verstädterten Agglomerationen, die sich entlang den Verkehrsachsen (Schiene und Strasse) bis ins Oberwallis, ins Berner Oberland, ins Urnerland und nach Graubünden ausbreiten, eine Art *Grossstadt Schweiz*. Sozusagen im Zentrum dieses verbauten Lands hat es einen grossen Central Park wie in New York. Bei uns sind das die Alpen, aber auch diese sind schon ziemlich urbanisiert. Alles ist gut miteinander per Strasse und per ÖV verbunden. Am ehesten zu vergleichen, auch von der Bevölkerungszahl her, ist diese Metropolitanregion Schweiz mit der Metropolitanregion Rhein-Ruhr, denn auch diese besteht aus mehreren Ballungszentren mit Städten im Kern (Düsseldorf, Dortmund, Essen usw.), eine Art grüne Stadt, nur dass es dort keinen Central Park hat. Von der Bevölkerungszahl und der Bevölkerungsdichte her wäre die Metropolitanregion Schweiz ebenfalls mit den Grossräumen München, Stuttgart, Lyon oder der Lombardei vergleichbar.

Aber das Ganze ist noch ein bisschen komplexer und muss noch nuancierter betrachtet werden: Heute gibt es in der Schweiz etwa 350 000 Grenzgänger, also Personen, die in der Schweiz arbeiten und im nahen Ausland wohnen. Das sind fast dreimal so viel wie vor 30 Jahren. Mehr als die Hälfte davon leben in Frankreich. Grenzgänger machen etwa 7 Prozent der Arbeitstätigen aus. Alle brauchen schweizerische Infrastrukturen, insbesondere für ihre Mobilität, und hier vor allem Strassen, denn der ÖV ist insbesondere in Frankreich schlecht ausgebaut. Die Metropolitanregion Schweiz ist also grösser als die politische Schweiz, denn die grenznahe Agglomeration muss in die Metropolitanregion Schweiz einbezogen werden. Mit Grenzgängern und deren Familien sind wir also schon fast bei einer Zehn-Millionen-Schweiz.

Bis jetzt habe ich nur beschrieben, was war und was ist. Aber man sollte ebenfalls ein bisschen in die Zukunft extrapolieren. Die Schweizer Bevölkerung altert und es braucht junge Arbeitskräfte, um die Wirtschaft am Funktionieren zu halten und das Wirtschaftswachstum auch nur konstant zu halten. Eine Schweizer Familie hat heute im Durchschnitt 1,5 Kinder, das genügt nicht. Die Schweiz wird also ein Einwanderungs- und Grenzgängerland bleiben (müssen). Zudem wird die Wirtschaft weiter wachsen. Schon heute ist der Arc Lémanique eine der am raschesten wachsenden Regionen Europas. Lausanne ist nach Stockholm die Stadt, die auf dem Kontinent am raschesten wächst. Die Zehn-Millionen-Schweiz (ohne Grenzregionen) wird 2040 oder vielleicht schon 2035 erreicht sein. All das braucht Infrastrukturen. Die Nachfrage nach Infrastrukturen ist das Resultat einer Kombination von Bevölkerungs- und Wirtschaftswachstum sowie von Bevölkerungsdichte. Je dichter besiedelt ein Territorium, desto schwieriger und desto teurer der Ausbau und der Unterhalt dieser Infrastrukturen. Und das Ganze ist natürlich exponentiell, nicht linear.

Metropolitanregion Schweiz, bestehend aus fünf Metropolitanräumen

Im Jahr 2012 haben Bund (das ARE), Kantone, Städte und Gemeinden, notabene gemeinsam, ein bemerkenswertes «Raumkonzept Schweiz» produziert, zu dem ich nichts hinzufügen kann. Ich kann lediglich das sich daraus ergebende Bild noch ein bisschen überzeichnen, mit dem Risiko, das Ganze zu stark zu vereinfachen: Das Raumkonzept Schweiz definiert vier Metropolitanräume – Metropolitanraum Zürich, Trinationaler Metropolitanraum Basel, Métropole Lémanique und Hauptstadtregion Bern – sowie klein- und mittelstädtisch geprägte Handlungsräume (Luzern, Città Ticino, Jurabogen, Aareland, Nordostschweiz) und drei alpine Handlungsräume (Gotthard, Ostalpen, Westalpen).

Ich meinerseits brauche den Ausdruck Metropolitanregion Schweiz für das ganze Land und seine Grenzregionen und ich identifiziere fünf (nicht vier) Metropolitanräume (Arc Lémanique, Euro-Regio Basel, Regio Mittelland, Grossraum Zürich, plus Ticino-Lombardia), drei davon grenzübergreifend. Diese fünf Metropolitanräume bestehen ihrerseits aus Agglomerationen (oder Agglos). Kurzum, das ganze Land ist zu einer Ansammlung von Agglomerationen verkommen. Dort wohnt und arbeitet der Grossteil der Schweizer und der Grenzgänger und dort fallen die meisten Infrastrukturen an. Ich fasse die drei alpinen Handlungsräume ein bisschen pauschal und salopp in einem einzigen «Erlebnispark Schweiz» zusammen. Der hat und braucht natürlich ebenfalls ausgebaute Infrastrukturen, aber die Herausforderungen an diese präsentieren sich dort anders und ich werde mich in der Folge, mit einigen Ausnahmen (Strom, Wasser), auf die Metropolitanregion Schweiz, die fünf Metropolitanräume und die Agglomerationen beschränken.

Etwa 80 Prozent der Schweizer Bevölkerung wohnen und arbeiten in diesen fünf Metropolitanräumen und somit in der Metropolitanregion Schweiz. Die meisten (wiederum etwa 80 Prozent) pendeln. Diese Pendlerei wird vorläufig so weitergehen, denn sie ist ja gerade das Resultat der hochstehenden Transportinfrastrukturen. Sie ist aber auch darauf zurückzuführen, dass Wohnraum schwierig zu finden und zudem teuer ist, sodass die Leute gar keine andere Wahl haben, als zu pendeln. Aber das Pendeln ist ja nur der Ausdruck der Metropolitanregion Schweiz: Man kann jetzt fast überall wohnen und fast überall hinkommen, dank Taktfahrplan, gut ausgebautem ÖV-Angebot sowie der guten Strassen. In diesem Zusammenhang sollten wir ebenfalls COVID-19 erwähnen: Wer vorher noch in der Stadt wohnte, will jetzt ebenfalls in die Agglomerationen und meint dann, auf dem Land zu wohnen. Zudem wird Homeoffice salonfähig, vielleicht zwei, ja sogar drei Tage pro Woche. Das heisst, man kann noch weiter ins «Land» rausziehen, die Agglomerationen dehnen sich aus.

Aber die Metropolitanregion Schweiz ist mehr als nur Pendeln: Es geht ebenfalls um Energie, Wasser und natürlich Telekommunikation. Mit all diesen Infrastrukturen ist das Land bestens erschlossen, und zwar bis ins letzte Bergtal: Strom bis auf die Alp, Tankstellen an jeder Ecke, Trink- und Abwasserversorgung bis auf 1600 Meter, manchmal noch höher, und natürlich 4G und manchmal 5G bis auf die Skipiste (3000 Meter über Meer)! Fiber braucht es bei dieser Telekom-Qualität kaum mehr. Und auf der anderen Seite der

Schweizer Grenze ist es kaum anders. Kurzum, man kann jetzt überall wohnen, vor allem dann, wenn man das Pendeln unter Kontrolle halten kann. Und ich habe von der Fliegerei noch gar nicht gesprochen: Die Anzahl Personen, die in Basel, Genf oder Zürich wohnen und in Paris, London oder Brüssel arbeiten, ist nicht zu unterschätzen. All dies ist möglich dank qualitativ hochstehender Infrastrukturen.

Was bedeutet das alles für die Gouvernanz? Klar sind die Leute einem Territorium verhaftet, denn sie wohnen ja irgendwo physisch. Aber das heisst noch lange nicht, dass sie dort auch arbeiten, joggen oder einkaufen. Sie sind ohnehin grösstenteils Mieter und nicht Eigentümer. Heute sind leicht unter 60 Prozent der Schweizer Mieter und leicht über 40 Prozent Eigentümer von Häusern oder Wohnungen. Je urbaner, desto mehr Mieter. Und weil sich das Land urbanisiert, nimmt auch die Anzahl der Mieter jedes Jahr zu. Schon heute hat die Schweiz bei Weitem die niedrigste Wohneigentumsquote in Europa. Generell sind Mieter dem Territorium weniger eng verhaftet als Eigentümer. Ganz abgesehen davon, dass die Metropolitanregion Schweiz sowieso zunehmend überall gleich aussieht. Einzig die Sprache (Deutsch, Französisch, Italienisch) differenziert eventuell das Territorium noch ein bisschen und erklärt die vergleichsweise geringeren Pendlerströme zwischen Bern und Lausanne. Aber auch das wird sich dank des sich rasch verbreitenden Neudeutschs ebenfalls angleichen. Ich werde im letzten Teil dieses Kapitels im Detail auf die Gouvernanz der Schweiz zu sprechen kommen, aber schon jetzt ist klar: Die Metropolitanregion Schweiz mit einer Bevölkerung von Pendlern und territorial wenig verankerten Mietern einerseits und Kantönligeist andererseits passen nicht mehr so richtig zusammen. Umgekehrt ist die Schweiz ein föderalistisches Land und hat eine kantonale politisch-administrative Struktur, die sich teilweise heute noch in den Infrastrukturen niederschlägt.

Europäisierung des Kontinents, mit der Schweiz in der Mitte

In Europa findet natürlich die genau gleiche Entwicklung statt, einfach ein bisschen zeitverschoben und in anderen Proportionen: In den letzten 60 Jahren wuchs die Bevölkerung der EU von etwa 355 Millionen auf etwa 445 Millionen. Damit verbunden sind ebenfalls Verdichtung, Verbauung und Verstädterung, mit entsprechendem Ausbau der Infrastrukturen. Dies ist insbesondere der Fall für die sogenannte Blue Banana, die Blaue Banane, eine Megaregion von etwa 110 Millionen Einwohnern, die von den Metropolitanregionen London via Randstad (Holland), Grossraum Brüssel (Belgien), Rhein-Ruhr, Rhein-Main, Schweiz nach Norditalien (Mailand, Turin) und in den Grossraum Lyon reicht. Die Schweiz ist ein integraler Teil davon, versteht sich aber nicht als solcher. In ihrem Selbstverständnis, das auch ihr Verständnis der Infrastrukturen mitprägt, ist die Schweiz immer noch der Idee des Nachkriegswirtschaftsbooms verhaftet, einer Zeit, in der die EU erst im Entstehen war.

Dazu erlaube ich mir ein paar Überlegungen zu unserem geopolitischen Selbstverständnis, denn dieses prägt bis heute unsere schwierigen Beziehungen zur EU: Die Schweiz hatte Glück mit ihrer geografischen Lage im Herzen Europas (Réduit, Wasserschloss, Transitland usw.) und kam unversehrter aus dem Zweiten Weltkrieg heraus als ihre Nachbarländer – und konnte so vom Nachkriegsboom rascher profitieren. Zudem befand sie sich auf der «guten Seite» des Eisernen Vorhangs. Seit den Anfängen des Völkerbunds in den 1920er-Jahren hat sie sich als neutrales Land, akzeptierter Sitz internationaler Organisationen und Vermittlerin im Kalten Krieg erfolgreich positioniert und brachte es international zu grosser Anerkennung, was wiederum für den Wirtschaftsstandort (Tourismus, Export) förderlich war. Dabei hat sie sowohl vom Kalten Krieg als auch von der Globalisierung profitiert. Die EU gab es damals noch nicht und wir haben sie auch nicht wirklich kommen sehen, denn wir dachten, wir könnten unser «Nachkriegsgeschäftsmodell» ins 21. Jahrhundert hinüberretten.

So haben wir kaum bemerkt, dass der Kalte Krieg zu Ende ging, das internationale Genf nur noch zu einem Schatten seiner selbst verkam, die Globalisierung, insbesondere der Aufstieg der Schwellenländer, die geopolitischen Karten neu mischten, die USA nicht mehr unsere Freunde waren (siehe Bankgeheimnis) und die EU sich langsam, aber sicher geopolitisch zu positionieren begann. Mein Buch beschäftigt sich nur mit den Infrastrukturen, aber gerade hier kommt man um die zunehmend wichtigere Rolle der EU nicht herum, da kann man eine noch so fantastische Vergangenheit anführen und noch so grandiose Zukunftsideen haben, wie zum Beispiel die Schweiz als Davos-Forum der Menschheit. Tatsache ist, dass sich der Prozess der wirtschaftlichen und damit bis zu einem gewissen Grad politischen Integration der EU nach dem Vertrag von Maastricht (1992) signifikant beschleunigt und insbesondere bei den Infrastrukturen Europas eine qualitative Veränderung eingeleitet hat.

Seit den 1990er-Jahren arbeitet die EU nun systematisch an der Integration der europäischen Infrastrukturen im Transport, in der Energie und der Kommunikation und hat dabei grosse Fortschritte gemacht, die meiner Meinung nach nicht mehr rückgängig zu machen sind. Als Metropolitanregion im geografischen Zentrum Europas, mehr noch im Herzen der Blauen Banane, sind wir davon direkt betroffen. Denn gerade wegen der zunehmenden Verdichtung, Verbauung und Verstädterung der Schweiz wie auch Europas – zumindest der Verstädterung unserer nördlichen, südlichen und westlichen Grenzregionen – sind unsere Infrastrukturen immer stärker mit denjenigen Europas vernetzt und wir somit immer stärker von den Infrastrukturen Europas abhängig (und teilweise umgekehrt). Dies ist eine technische Realität und nicht eine politische Aussage.

Es ist auch nicht so, dass die Schweiz bis jetzt total untätig war: Nach dem hauchdünnen Nein zum EWR im Jahr 1992 haben wir den sogenannten bilateralen Weg beschritten und so 16 bilaterale Abkommen ausgehandelt (Bilaterale I, 1999, und Bilaterale II, 2004). Bei den Infrastrukturen haben wir bilaterale Abkommen in der Luftfahrt und im Landverkehr (Bilaterale I), die immer noch gültig sind, jedoch langsam in die Jahre kommen. Allerdings sind sie jetzt mit dem gescheiterten Rahmenabkommen wieder in Gefahr, denn der bilaterale Weg scheint nach dem Abbruch der Verhandlungen zum Rahmenabkommen (2021) nicht mehr gangbar. In den anderen Infrastrukturen haben wir keine solchen Abkommen. Trotzdem werde ich hier Sektor für Sektor vorgehen, angefangen mit dem Sektor, in dem aus meiner Sicht die Herausforderungen am grössten sind, nämlich der Elektrizität, gefolgt von der Luftfahrt. Beim Land- und Strassenverkehr ist der Druck vorläufig noch weniger gross, sind wir doch hier in der Schweiz sehr gut aufgestellt und teilweise sogar Musterschülerin Europas.

Elektrizität: Beziehungen unter Strom

Von allen Infrastruktursektoren ist die Schweiz im Bereich der Elektrizität bei Weitem am stärksten mit der EU verbunden. Gleichzeitig ist dies auch der Sektor, in dem wir kein Rahmenabkommen haben und unbedingt eines bräuchten. Wir haben in der Tat 41 Interkonnektionspunkte mit der EU, weitaus mehr als jedes andere Land in Europa. Das hat historische Gründe und resultiert aus der geografischen Lage der Schweiz als Wasserschloss Europas und somit als Stromproduzent wie auch als Stromdrehscheibe.

Nach dem Zweiten Weltkrieg, aber insbesondere ab den 1950er-Jahren organisierte sich Europa in Sachen Strom. Die Schweiz spielte dabei eine zentrale Rolle: Der sogenannte Stern von Laufenburg (in Laufenburg) wird zum Ort, von dem aus das europäische Hochspannungsnetz koordiniert wird, damit es nie zu viel und nie zu wenig Strom im Netz gibt, sonst gibt es Blackouts. Strom lässt sich nicht speichern, ausser ein bisschen in Staudämmen und noch weniger in Batterien. Und die Hochspannungsnetze Europas müssen miteinander verbunden werden, um einerseits die Gefahr eines solchen Blackouts für jedes Land zu minimieren (gegenseitige Hilfe) und um andererseits Strom importieren und exportieren zu können. Die Schweiz war natürlich an dieser Vernetzung zumindest mit den Nachbarländern sehr interessiert, konnte sie doch über die Zeit dank ihrer geografischen Lage ein lukratives Geschäftsmodell aufbauen: Import von billigem Atomstrom (aus Frankreich) und Export von teurerem Strom aus den Speicherkraftwerken zu den Spitzenzeiten.

Das ist nun alles passé. Aber der Reihe nach: Nach dem Vertrag von Maastricht (1992) macht sich die EU schrittweise und Sektor für Sektor an die Schaffung von integrierten Infrastrukturmärkten, auch im Stromsektor. Ziel war die Schaffung einer sogenannten Kupferplatte Europa, eines Hochspannungsnetzes, in dem der Strom europaweit fliesst und gehandelt werden kann. Die Schweiz ist integraler Teil dieser Kupferplatte und war, zumindest bis in die 1990er-Jahre, in deren Zentrum. Mit anderen Worten, neben und dank einem integrierten Hochspannungsnetz entsteht ein europäischer Strombinnenmarkt, in dem die Kunden die Wahlfreiheit des Stromversorgers haben. Damit werden mehrere letztlich politische Ziele gleichzeitig verfolgt, nämlich ein stabiles Stromversorgungsnetz, Versorgungssicherheit für ganz

Europa (denn irgendwo in Europa gibt es immer Strom, mit dem man anderen Ländern aushelfen kann), ein Strombinnenmarkt (landesübergreifender Handel, Wettbewerb, Effizienz, günstige Preise in ganz Europa und Innovation) und last, but not least Industriepolitik (Fitmachen der europäischen Unternehmen für den globalen Wettbewerb). Und all dies wurde zwischen 1996 und 2009 in drei sogenannten Energiepaketen umgesetzt. Das Ganze wird begleitet und überwacht von einem europäischen Regulator, genannt ACER (Agency for the Cooperation of Energy Regulators).

Mit der Kupferplatte Europa sind wir immer noch genau gleich vernetzt wie früher, sodass der Strom immer noch genau gleich durch die Schweiz fliesst – nur dass es noch mehr Strom ist, weil jetzt in Europa gehandelt wird. Auch werden Stromflüsse innerhalb Europas nur noch in Ausnahmefällen abgegolten, was heisst, dass die Schweiz die Durchleitungskosten für Europa bezahlt. Und weil wir kein bilaterales Stromabkommen mit der EU haben – und wegen eines fehlenden Rahmenabkommens auf absehbare Zeit auch keines haben werden –, können wir nicht mehr voll am EU-weiten Stromhandel teilnehmen, was heisst, dass wir den Strom und die Übertragungskapazität separat kaufen müssen. Dies führt dazu, dass der Stromhandel mit Europa fast vollständig eingebrochen ist, mit entsprechenden Konsequenzen für die grossen Stromunternehmen, insbesondere Alpiq, Axpo und BKW.

Mangels eines Stromabkommens sind wir auch aus den Netzkoordinationsmechanismen gefallen: Dies hat einerseits Konsequenzen für die Stabilität des schweizerischen Stromnetzes und andererseits für die Preise. Swissgrid als Betreiberin des schweizerischen Hochspannungsnetzes ist für die Netzstabilität zuständig. Diese wiederum hängt von den Stromflüssen auf diesem Netz ab, und diese Stromflüsse kommen aus Europa auf uns zu, weil wir ein hochvernetztes Stromtransitland sind. Diese Flüsse sind immer ungeplanter, da wir nicht mehr in den Organisationen vertreten sind, die die entsprechenden Informationen haben und deshalb diese Flüsse nicht mehr antizipieren können. Das heisst, Swissgrid muss immer schneller und immer überraschter reagieren und immer mehr Reservestrom bereithalten. Das schlägt sich alles in den Kosten für den Endkunden nieder, nämlich in den Netztarifen, aber auch in einer zunehmenden Blackout-Gefahr.

Abschliessend – und das ist die Verbindung zur Herausforderung des Klimawandels – muss man in Rechnung stellen, dass ohne Stromabkommen mit der EU die Energiewende nicht zu schaffen ist. Ohne massiven Zubau von erneuerbaren Stromquellen und mit der absehbaren Ausserbetriebnahme der Atomkraftwerke müssen wir vermehrt Strom importieren. Das können wir nur noch sehr beschränkt, nicht zuletzt auch weil Europa selbst nicht mehr genügend Strom hat. Im Stromsektor ist also die «Herausforderung Europa» klar am grössten und auch am dringendsten. Es ist aber nicht in erster Linie eine Infrastrukturherausforderung, sondern eine institutionelle. Wenn wir jedoch keine institutionelle Lösung finden, müssen wir in den Ausbau der eigenen Infrastrukturen und vor allem in die Stromproduktion in der Schweiz investieren, falls wir den Platz und die soziale Akzeptanz dafür finden.

Luftfahrt: uniquely Swiss

Im Unterschied zum Stromsektor besteht bei der Luftfahrt ein bilaterales Abkommen aus dem Jahr 1999. Durch dieses erhalten die EU-Fluggesellschaften diskriminierungsfreien Zugang zum Schweizer Markt und die Schweizer Fluggesellschaften den gleichen Zugang in den EU-Mitgliedsstaaten. Aber damit hat es sich schon, denn die sogenannte kleine Cabotage (siehe Kapitel 1), über die zwei Jahre nach Inkrafttreten des bilateralen Abkommens (2002) verhandelt werden sollte, ist immer noch nicht umgesetzt. Glücklicherweise hat sich das Problem jetzt von selbst erledigt, da die Swiss von der Lufthansa geschluckt wurde. Trotzdem, das Luftfahrtabkommen mit der EU bleibt zentral, denn es geht um die Anbindung der Schweiz an Europa. Zudem gibt es in der Zivilluftfahrt jede Menge technische Standards und vor allem Sicherheitsnormen, die von der Schweiz direkt von der EASA (European Union Aviation Safety Agency) und von ICAO (International Civil Aviation Organization) übernommen werden.

Die wirklichen Herausforderungen für den schweizerischen Luftfahrtsektor im Zusammenhang mit der EU sind jedoch anderswo und werden vom Luftverkehrsabkommen nicht abgedeckt, nämlich bei der Flugsicherung. Die EU arbeitet seit 1999 an der Schaffung eines einheitlichen Luftraums Europa, genannt Single European Sky (SES), einer Art Kupferplatte für die Flugsicherungsinfrastruktur. Der Luftraum von Europa, von dem aus verständlichen Gründen die Schweiz ein geografisch zentraler Bestandteil ist, wurde damals von 41 Flugsicherungsunternehmen bewirtschaftet. Heute hat sich die Zahl auf 27 technisch verschiedene Flugsicherungssysteme reduziert. Ziel des SES ist es, diese Flugsicherungssysteme so zu harmonisieren, dass der europäische Luftraum am Schluss als eine einzige integrierte Infrastruktur betrieben und bepreist werden kann. Dadurch wird die Flugsicherung sicherer und effizienter; das heisst, sie wird sowohl billiger (und global wettbewerbsfähiger) als auch umweltfreundlicher (weniger Umwege). Der SES wird schrittweise umgesetzt und führt für die Schweiz als Hochpreisland zu grossem Kostendruck, da die Kosten der Flugsicherung europaweit immer mehr (nach unten) «harmonisiert» werden, während wir aber nach Belgien/Luxemburg die zweithöchsten Flugsicherungsgebühren haben. Das Ganze kommt aber nur langsam vorwärts, da die verschiedenen Nationalstaaten nicht so richtig mitmachen, was wiederum mehrere Gründe hat, allen voran die Tatsache, dass die Flugsicherungsunternehmen immer noch den Nationalstaaten gehören und vielen Ländern noch als Milchkuh dienen. Auch die ausgezeichnet organisierten Fluglotsen sind an einem effizienteren Luftraum Europa nicht besonders interessiert. Dennoch schreitet der SES voran und die Schweiz kommt an ihm nicht vorbei.

Im Unterschied zur Kupferplatte Europa im Stromsektor ist die Schweiz zwar nicht direkt vom Ausschluss aus dem SES bedroht, kann aber leicht umflogen werden. Skyguide hat nämlich die Zeichen der Zeit frühzeitig erkannt und sich, nicht zuletzt dank der Florence School of Regulation (siehe Einleitung), aktiv in die entsprechenden Projekte der EU eingebracht: Sie hat dort ihr Modell eines virtuellen Flugsicherungszentrums portiert, denn die Schweiz hat selbst zwei verschiedene Flugsicherungssysteme, die es zu integrieren galt. Skyguide erhoffte sich damit ein neues Geschäftsmodell, sollte sich der SES realisieren. Umgekehrt stellt sich beim SES für die Schweiz wie für alle kleinen Länder Europas das Problem, dass in einem harmonisierten europäischen Luftraum die Flugsicherungsdienstleistungen potenziell ausgelagert und von Konkurrenten erbracht werden können. Kurzum, mitmachen beim SES und dementsprechend in neue Flugsicherungsinfrastrukturen investieren ist im ureigensten Interesse der Schweiz.

Eisenbahn und Strasse: Musterschülerin Schweiz

Die Vernetzung der Schweiz mit der EU im Güterverkehrsbereich – Bahn und Strasse – wird im Landverkehrsabkommen von 1999 thematisiert, das im Jahr 2002 in Kraft getreten ist. Dieses Landverkehrsabkommen bildet die Liberalisierung des Strassengüterverkehrs (1998) ab und nimmt die Liberalisierung des Schienengüterverkehrs (2004) vorweg. Somit können Schweizer Transporteure Güter zwischen EU-Ländern und der Schweiz sowie EU-Transporteure Güter zwischen der Schweiz und der EU befördern. Allerdings ist die vollständige Marktöffnung, auch «kleine Cabotage» genannt, wie bei der Luftfahrt bis heute nicht möglich.

Aber das Landverkehrsabkommen ist mehr als eine Marktöffnung und deshalb ein Abkommen und nicht einfach eine Übernahme der EU-Gesetzgebung. Zur Erinnerung: Die Volksinitiative zum «Schutz der Alpen vor dem Transitverkehr» (sogenannte Alpen-Initiative) wurde 1994 vom Schweizer Volk mit 52 Prozent angenommen. Schon zwei Jahre vorher hatte das Volk dem Bau der Neuen Alpentransversale zugestimmt. 1998 wurde das sogenannte Verlagerungsgesetz – die Verlagerung des Verkehrs von der Strasse auf die Schiene – vom Parlament verabschiedet. Dieses verlangte, dass spätestens ein Jahr nach der Inbetriebnahme des Gotthard-Basistunnels nur noch 650 000 Lastwagen pro Jahr durch die Schweiz fahren dürfen. Auch wurden eine leistungsabhängige Schwerverkehrsabgabe (LSVA) sowie die Finanzierung der Eisenbahngrossprojekte beschlossen. Vor diesem Hintergrund muss man das Landverkehrsabkommen sehen: Einerseits öffnet die Schweiz den Güterverkehrsmarkt EU-konform (und auf der Schiene noch vor der EU), aber andererseits erlaubt die EU der Schweiz, ab 2011 schrittweise (es gab sechs Anpassungen bis 2021) eine «leistungsabhängige Schwerverkehrsabgabe» (LSVA) auf dem Strassentransport einzuführen. Diese ist abhängig von der Distanz, dem Gewicht und den Emissionen der Lastwagen. Ein Teil dieser Abgabe wird in den Ausbau der Eisenbahn reinvestiert. Wiederum im Gegenzug musste die Schweiz 40-Tonnen-Lastwagen zulassen und sich verpflichten, den Lötschbergtunnel und den Gotthard-Basistunnel zu bauen.

So machte sich die Schweiz mit dem Bau der NEAT (Neue Eisenbahn-Alpentransversale) an die Umsetzung des Landverkehrsabkommens. Die

Schweiz ist in der Tat integraler Teil des EU-Eisenbahnkorridors Nummer 1 (Rotterdam-Genua, auch Rhein-Alpen-Korridor genannt), der bei der Verlagerungspolitik der EU eine zentrale Rolle spielt. Er ist ebenfalls der zentrale Fracht-Transportkorridor der oben erwähnten Blauen Banane. 2008 wurde der Lötschberg-Basistunnel, 2016 der Gotthard-Basistunnel und 2020 der Ceneri-Tunnel in Betrieb genommen. Ausserdem wurde 2011 ein Güterverkehrsverlagerungsgesetz vom Parlament angenommen. In Sachen Verlagerung des Güterverkehrs von der Strasse auf die Schiene war und bleibt die Schweiz die Musterschülerin Europas. Wir haben unseren Teil des Güterverkehrsabkommens erfüllt, was man von den umliegenden Ländern, insbesondere Deutschland, nicht sagen kann. Das Nadelöhr der europäischen Güterverkehrsverlagerung ist nun klar auf der Seite der EU (Deutschland und teilweise Italien) und nicht auf Schweizer Seite. Obwohl die Zahl von 650 000 Lastwagenfahrten pro Jahr noch nicht erreicht ist, haben diese seit dem Jahr 2000 stetig abgenommen. Heute durchqueren 72 Prozent der Fracht die Schweiz auf der Schiene, ein EU-Rekord! Mit anderen Worten, das Landverkehrsabkommen mit der EU ist umgesetzt und die EU hat, im Gegensatz zur Elektrizität und zur Luftfahrt, kaum Druckmittel gegenüber der Schweiz. Höchstens vielleicht bei der Marktöffnung im Eisenbahnpersonenverkehr, die in der Schweiz nicht umgesetzt ist.

Umgekehrt muss man sich vor Augen führen, dass die Schweiz güterverkehrsmässig vollständig in Europa integriert ist und auch die meisten technischen Standards und Umweltnormen des Strassen- und Schienengüterverkehrs übernimmt. Fast alle unsere Importe und Exporte werden auf Strasse oder Schiene durch die EU transportiert. Wir haben also ein ureigenes Interesse an einer perfekten Vernetzung und Harmonisierung des Güterverkehrs mit der EU.

Klimawandel und Dekarbonisierung

Die Herausforderungen für die Infrastrukturen der Schweiz stammen vom Klimawandel (wie überall auf der Welt). Es geht hier um zwei Arten von Herausforderungen: Einerseits beschädigt oder beeinträchtigt der Klimawandel die bestehenden Infrastrukturen, was zu deren Beeinträchtigungen, zu Ausfällen, Unverfügbarkeiten wegen Reparaturen und Kosten führt. Andererseits bedingt die Bekämpfung des Klimawandels den Bau von neuen Infrastrukturen, was seinerseits Investitionen bedingt, die wiederum Kostenfolgen nach sich ziehen. Ich werde in diesem Teil zuerst kurz die Geschichte der globalen Klimaaktionen in Erinnerung rufen, zweitens die Schweiz im Rahmen dieses Kontexts positionieren, drittens die Konsequenzen des Klimawandels auf die verschiedenen Infrastruktursektoren präsentieren und viertens speziell auf die Frage der Energie und der Energiewende eingehen.

Klimawandel – oder genauer globale Erwärmung – wird mit CO_2-Emissionen und somit mit Dekarbonisierung gleichgesetzt; das ist nicht ganz richtig, denn es gibt noch andere, potentere Treibhausgase, insbesondere Methan. Man spricht deshalb meistens von CO_2-Äquivalenten. Aber lassen wir das mal und folgen der gängigen Meinung, dass man wirtschaftliche und gesellschaftliche Aktivitäten dekarbonisieren muss, um etwas gegen die globale Erwärmung zu tun. Man kann zwar immer argumentieren, dass das nichts bringt, weil der Durchschnittsschweizer nur 5 Tonnen CO_2-Äquivalente pro Jahr produziert. Das ist ungefähr europäischer Durchschnitt. Aber wenn wir ebenfalls die importierten Güter einrechnen, dann sind wir bei etwa 14 Tonnen, was etwa einem Durchschnittsamerikaner entspricht. Und wenn man zusätzlich noch in Betracht zieht, dass die Stromproduktion schon voll dekarbonisiert ist – die Stromerzeugung macht in einem Durchschnittsland etwa 30 bis 40 Prozent der CO_2-Emissionen aus –, dann stehen wir im internationalen Vergleich schlecht da.

Globale Klimapolitik

In Sachen Klimaschutz lohnt es sich, geschichtlich etwas auszuholen und mit der UNO-Konferenz zur nachhaltigen Entwicklung (sogenannte Rio-Konferenz) im Jahr 1992 oder noch vorher anzufangen. Diese beschloss, unter vielen anderen Dingen, eine UN-Framework Convention on Climate Change (UNFCC) zu schaffen, um in einem internationalen Regelwerk die Länder zu verpflichten, ihre CO_2-Emissionen und andere Treibhausgasemissionen zu reduzieren. Diese Entscheidung basierte auf den wissenschaftlichen Resultaten des 1988 in Genf gegründeten International Panel on Climate Change (IPCC), einer Organisation, die an die UNO rapportiert und in Sachen Klimawandel die Autorität darstellt. Im sogenannten Kyoto-Protokoll wird seit 1997 die UNFCC umgesetzt. Dieses trat (nach schwierigen Verhandlungen) schliesslich 2005 in Kraft. Darin verpflichteten sich die industrialisierten Länder (36 an der Zahl, darunter die Schweiz), ihre Emissionen bis 2010 um 10 Prozent (Niveau 1990) zu senken. Trotzdem stiegen die globalen Emissionen zwischen 1990 und 2010 um ein Drittel an. Das Kyoto-Protokoll wurde 2010 im sogenannten Doha-Amendment um nochmals zehn Jahre verlängert. Die Schweiz verpflichtete sich darin, ihre Emissionen um 16 Prozent gegenüber dem Niveau von 1990 zu reduzieren. Laut BAFU hat der Treibhausgasausstoss in der Schweiz zwischen 1990 und 2020 insgesamt um 19 Prozent abgenommen. Die im Ausland anfallenden Emissionen sind aber dabei nicht eingerechnet.

Und so gelangen wir zum Übereinkommen von Paris (2015), das die globale Klimapolitik nach 2020 regelt. Denn mit Kyoto und Doha brachten wir es weltweit zu nichts, wohingegen das Klimasystem der Erde immer rascher aus den Fugen gerät. Die Klimawissenschaft wird immer alarmistischer und sagt, dass der globale Temperaturanstieg verglichen zur vorindustriellen Zeit (Mitte 19. Jahrhundert) auf unter 2 Grad zu begrenzen ist, will man nicht eine unkontrollierbare Dynamik im globalen Klimasystems riskieren. Daraus wird abgeleitet, laut IPCC, dass im Jahr 2050 die weltweiten Treibhausgasemissionen bei netto null sein müssen. Netto null heisst, dass (ab 2050) nur noch so viele Treibhausgase in die Atmosphäre gelangen dürfen, wie natürliche und künstliche Speicher aufnehmen können. Und Netto-Null ist das Ziel des Pariser Abkommens. Jedes Land verpflichtet sich darin (mehr oder weniger), bis 2050 Netto-Null zu erreichen. Der Weg dahin ist aber jedem Land selbst überlassen.

Man kann sich zu Recht fragen, ob ein solch ambitiöses Ziel angesichts der Trägheit des wirtschaftlichen und gesellschaftlichen Systems überhaupt erreichbar ist. Man kann sich auch fragen, ob die verschiedenen Länder den politischen Willen aufbringen, dieses Ziel umzusetzen oder überhaupt die finanziellen und technischen Mittel und die institutionellen Fähigkeiten haben, dieses Ziel zu erreichen. Umgekehrt ist diese Radikalkur nur einfach die Konsequenz unserer Untätigkeit während der letzten 30 Jahre, denn seit 1990 weiss man, was zu tun wäre.

Klimapolitik der Schweiz

Diese Kritik richtet sich natürlich nicht in erster Linie an die Schweiz, aber das ist kein Trost, denn wir sind nun einmal Teil des globalen Klimasystems – ob uns das gefällt oder nicht. Die Schweiz hat sich zum Ziel Netto-Null bis 2050 bekannt und sich zudem verpflichtet, ihre Treibhausgasemissionen bis 2030 um 50 Prozent (gegenüber 1990) zu senken, also nochmals 30 Prozent mehr, als wir bereits mit Kyoto und Doha erreicht haben. Die Schweiz ist zudem Teil Europas und als solcher von der EU betroffen (siehe oben). Diese hat noch ambitiösere Ziele und will im Jahr 2030 bei minus 55 Prozent stehen (siehe EU-Programm *Fit for 55*). Das EU-Regelwerk zur Umsetzung dieser Ziele betrifft uns und unsere Infrastrukturen direkt. So will die EU zum Beispiel in Zukunft Importzölle erheben für alle Güter, die unterhalb der EU-Standards produziert worden sind. Ich werde in den Kapiteln 3 und 4 darauf zurückkommen.

Um die erste Etappe dieser Klimaziele zu erreichen – nämlich minus 50 Prozent (im Vergleich zu 1990) bis 2030 –, genügen die Aktionen der Vergangenheit (altes CO_2-Gesetz, technischer Fortschritt, Deindustrialisierung des Lands, Verlagerung der Emissionen ins Ausland usw.) nicht mehr, und der Bundesrat gab deshalb 2019 ein revidiertes CO_2-Gesetz in Auftrag. Dieses wurde 2020 vom Parlament verabschiedet. Darin sind verschiedene Massnahmen enthalten: Aus Infrastruktursicht sind insbesondere die Flugticketabgabe, ein Gebäudesanierungsprogramm und energieeffizientere Fahrzeuge relevant. Dieses revidierte CO_2-Gesetz wurde aber im Juni 2021 vom Volk abgelehnt und die minus 50 Prozent CO_2-Emissionen bis 2030 sind seither kaum mehr realistisch. Aber da gibt es immer noch die EU, gegen deren (andere) Massnahmen es schwieriger sein wird, das Referendum zu ergreifen.

Aber gehen wir das Ganze pragmatisch an: Tatsache ist, dass sich das Klima in der Schweiz mehr als doppelt so rasch erwärmt wie im weltweiten Durchschnitt. Das hat nichts mit der Schweiz zu tun, sondern mit den Alpen: Alle Alpenregionen der Welt (Himalaya, Anden usw.) und beide Pole (Arktis und Antarktis) erwärmen sich rascher als der Rest der Welt, die Arktis sogar vier Mal so schnell. Das ist einfach Geophysik und kann auch nicht der EU oder sonst irgendjemandem angelastet werden. Diese überdurchschnittliche Erwärmung hat aber Konsequenzen, die wir selbst ausbaden müssen: mehr Hitze, mehr Trockenheit, weniger Gletscher, kurzfristig mehr Wasser für die Stauwerke, langfristig kein Gletscherwasser mehr, aber auch keines mehr für die Landwirtschaft. Und da sind noch die Naturereignisse, die insbesondere unseren Infrastrukturen zusetzen werden.

Klimawandel und Infrastrukturen

Treibhausgasemissionen stammen aus verschiedenen Quellen und weltweit immer aus den gleichen, nämlich aus der Produktion von Elektrizität aus Kohle, Öl und Gas, dem Transport (hauptsächlich Öl), dem Heizen (Öl und Gas) und Kühlen (Elektrizität) von Gebäuden und der Industrieproduktion und Landwirtschaft. In der Schweiz fällt Ersteres (vorläufig noch) nicht an, aber ich komme darauf weiter unten nochmals zurück. Der grösste Anteil an Treibhausgasen stammt bei uns aus dem Transport (rund ein Drittel), rund je ein Viertel stammen von den Gebäuden und der Industrieproduktion, und der Rest kommt aus der Landwirtschaft. Handlungsbedarf besteht also bei uns zuerst einmal beim Transport und da vor allem beim Auto. Ich möchte das Auto nicht verteufeln, aber ein bisschen Klartext muss man schon reden. Da helfen die Daten des Bundesamts für Statistik (allerdings sind sie schon ein bisschen alt, nämlich von 2015, aber der Trend hat sich ja nicht gewendet): 78 Prozent der Schweizer Haushalte haben ein Auto, obwohl doch das Land exemplarisch mit ÖV erschlossen ist. Rund 25 000 Kilometer legt der Durchschnittsschweizer pro Jahr zurück, davon fast 9000 Kilometer im Flugzeug, was weltrekordverdächtig ist (hätte man verlässliche Zahlen). Pro Tag legt der Durchschnittsschweizer 37 Kilometer zurück, davon zwei Drittel im Auto. Dieses ist im Durschnitt mit 1,6 Personen besetzt und steht zudem noch über 23 Stunden pro Tag leer herum, verstopft die Strassen und nimmt der Stadt Grünfläche und Bausubstanz weg. Etwas noch Ineffizienteres als den PKW gibt es wahrscheinlich nicht. Dort sollte man also bei der Dekarbonisierung des Transports und bei der Dekarbonisierung generell ansetzen.

Mit anderen Worten, die Dekarbonisierung des Transports soll die Verkehrsverlagerung von der Strasse auf andere Transportmodi (Schiene, sanfte Mobilität) und vom privaten (individuellen) auf den öffentlichen (kollektiven) Verkehr vorantreiben, zuerst für die Personen, aber dann auch für die Güter. Nur wagt das niemand so klar zu sagen in einem Land, das bis vor gar nicht langer Zeit noch eine Autopartei hatte, die im Nationalrat vertreten war. Wie dies in die Tat umgesetzt werden könnte, werde ich in den Kapiteln 3 (bestehende Infrastrukturen) und 4 (neue Infrastrukturen) aufzeigen.

Als Zweites muss man sich mit der Bausubstanz auseinandersetzen, wenn man die Treibhausgase substanziell reduzieren will. Und hier gilt eigentlich wieder das Gleiche: Man muss weg von der fossilen und individuellen und hin zu einer nicht fossilen, kollektiven Heizerei – und eben auch Fahrerei. Das ist bei der Bausubstanz noch viel schwieriger als beim Transport, denn die entsprechenden Infrastrukturen für Fernwärme (und Fernkühlung) müssten zuerst noch gebaut werden. Das wird sicher teuer und ich komme in Kapitel 4 (neue Infrastrukturen) darauf im Detail zu sprechen.

Was wahrscheinlich noch teurer kommt, ist Nichtstun. Also, der Klimawandel ist da und die heute schon bestehenden Infrastrukturen sind von ihm direkt betroffen. Fangen wir beim Transport an: Die Hitze verbiegt die Schienen und weicht den Strassenbelag auf (vor Frostschäden an den Strassen müssen wir uns jetzt eher weniger fürchten und da kann man vielleicht sogar etwas sparen). Das beeinträchtigt den Fahrkomfort und eventuell die Möglichkeit, ans Ziel zu gelangen. Dazu kommen die Erdrutsche in den Alpen (fehlender Permafrost) und die Überschwemmungen (ausgetrocknete Böden, die das Wasser nicht abfliessen lassen). All das muss jeweils auch wieder repariert oder eventuell so umgebaut werden, dass es ein bisschen klimaresistenter und klimaresilienter wird.

Dann gibt es auch die Elektrizitätsinfrastrukturen des Stromtransports und der Stromproduktion. Hoch-, aber auch Niederspannungsleitungen sind genauso von Erdrutschen, Überschwemmungen oder sogar von Hitze betroffen wie Transportinfrastrukturen, mit entsprechenden Versorgungssicherheitsproblemen und Kostenfolgen. Bei der Stromproduktion kommen einem zuerst die abschmelzenden Gletscher in den Sinn. Vorerst produzieren diese erst einmal mehr Wasser, das Problem entsteht erst in 20 bis 50 Jahren. Aber vielleicht erinnert sich noch jemand an Mattmark, einen Staudamm im Walliser Saastal. Ende August 1965 brach dort eine Zunge des Alalingletschers ab und tötete 88 Bauarbeiter. Von Klimaerwärmung sprach damals noch niemand. Wäre die Gletscherzunge nach dem Bau bei gefülltem Staudamm abgebrochen, würde sich die Schweiz wahrscheinlich noch bis heute daran erinnern, denn die Überflutung hätte bis tief ins Rhonetal gereicht. Aber Strom wird in der Schweiz nicht nur aus Wasser, sondern auch mit Atommeilern gewonnen. Und auch hier sind die Konsequenzen des Klimawandels nicht sehr erfreulich: So mussten zum Beispiel im August 2018 in Frankreich wegen der zu hohen Wassertemperaturen und der zu geringen Wassermenge gleich mehrere Atommeiler gleichzeitig abgeschaltet werden mit der Folge, dass der Strom rationiert werden musste. Dieses Szenario wird mittelfristig auch uns blühen. Aber die Atommeiler gibt es dann (vielleicht) in der Schweiz nicht mehr, denn wir haben ja eine Energiewende eingeleitet.

Energiewende und Infrastrukturen

Aus der Stromproduktion fallen in der Schweiz kaum Treibhausgase an, denn 55 Prozent des schweizerischen Stroms kommen vom Wasser und 36 Prozent vom Atom (Daten von 2019). Man hätte also meinen können, dass es sich bei der Energiewende um die Reduktion des Energieverbrauchs aus fossilen Brennstoffen handelt, denn Öl und Gas zusammen machen rund 75 Prozent des Energieverbrauchs der Schweiz aus (Daten von 2019). Weit gefehlt, denn die Energiewende ist im Grund genommen eine Stromwende. Aber wieso braucht es die überhaupt?

Die Erklärung dafür muss man bei der Katastrophe von Fukushima im Jahr 2011 suchen. Ab dieser Zeit setzt sich die Idee des Ausstiegs aus der Kernenergie durch. Das Massnahmenpaket, genannt «Energiestrategie 2050», das schliesslich 2017 vom Volk angenommen wurde, besteht dementsprechend aus drei Hauptelementen, nämlich 1. dem Atomausstieg, 2. der Förderung erneuerbarer Energiequellen für die Stromproduktion und 3. der Förderung der Energieeffizienz. Manchmal wird 4. der in einem separaten Gesetz beschlossene Ausbau der Stromnetze ebenfalls der Energiewende zugerechnet. Die Energieeffizienz zielt in erster Linie auf die Gebäude ab (bessere Isolation). Diese Strategie ist natürlich richtig und muss auf jeden Fall umgesetzt werden. Aber es braucht mehr, denn zur Reduktion der Treibhausgasemissionen aus dem Transport (33 Prozent der CO_2-Emissionen) ist leider in der Energiestrategie nichts zu finden, ausser der Übernahme von Abgasnormen aus der EU und ein bisschen Forschungsunterstützung.

Dabei gäbe es auch bei einer Stromwende viel zu sagen, insbesondere aus Infrastruktursicht. Die Energiestrategie tut so, als liesse sich die aus dem Atomausstieg entstehende Stromlücke durch den Zubau von erneuerbaren Energien einerseits und Effizienzanstrengungen andererseits lösen. Dabei zeigen Energieeffizienzmassnahmen im Gebäudebereich bestenfalls langfristige Wirkungen, und auch der Ausbau der erneuerbaren Energien kommt in unserem Land nur schleppend voran. Als Back-up-Lösung könnte man auf Stromimporte aus Deutschland (Kohle, Gas) und aus Frankreich (Atom) zurückgreifen, aber dann sind wir bei den Beziehungen zu Europa (siehe oben). Kurzum, die Energiewende ist kaum realistisch (und ohne Stromabkommen mit der EU auch nicht realisierbar). Dazu kommen die Elektrifizierung des Strassenverkehrs und der Gebäudeheizungen (dank Wärmepumpen) und die so induzierte zusätzlichen Zunahme des Stromverbrauchs. Ich werde in Kapitel 4 ausführlich beschreiben, welcher Ausbau welcher Infrastrukturen notwendig wäre, um die Schweiz so zu dekarbonisieren, dass man sich Netto-Null zumindest annähern würde. Kurzum, der Klimawandel und die Dekarbonisierung bleiben *die* grossen Herausforderungen für die Schweiz. Und dies ist in allererster Linie eine Herausforderung für die Infrastrukturen, nicht nur für deren Funktionieren, sondern vor allem für deren Weiterentwicklung.

Digitalisierung

Zu Beginn muss man festhalten, dass die Digitalisierung nicht einfach eine neue Technologie ist, der man sich jetzt anpassen muss. Es ist zwar eine Technologie, aber eine, die alles durchdringt, und zwar sowohl alle bestehenden Technologien, inklusive der Infrastrukturtechnologien, als auch alle wirtschaftlichen und gesellschaftlichen Tätigkeiten. Digitalisierung wird oft als

Bedrohung und/oder als Chance abgehandelt. Ich will beides vermeiden, also weder Technologiepessimismus zelebrieren noch Technologieeuphorie betreiben. Für die Infrastrukturen stellt die Digitalisierung in erster Linie ein Dilemma dar, das sogenannte Digitalisierungs-Dilemma (Montero und Finger, 2021a, 2021b). Damit ist Folgendes gemeint: Einerseits müssen die Infrastrukturen digitalisiert werden, um effizienter zu werden, aber andererseits macht sie die Digitalisierung anfällig für ihre *Plattformisierung*. Mit anderen Worten laufen sie Gefahr, von rein digitalen, meist privaten und globalen Plattformen überlagert und schliesslich instrumentalisiert, eben plattformisiert zu werden. In diesem Teil will ich zeigen, wie man die Digitalisierung der Infrastrukturen denken könnte (und sollte), nämlich als eine neue, zusätzliche Infrastrukturschicht. Daraus lassen sich dann die verschiedenen Herausforderungen an die (traditionellen) Infrastrukturen ableiten, allen voran das Digitalisierungsdilemma. Schliesslich werde ich kurz darlegen, wo die Schweiz im Umgang mit der Digitalisierung der Infrastrukturen steht. Beginnen werde ich diesen Teil mit einer kurzen Erklärung, was Digitalisierung überhaupt ist.

Was ist Digitalisierung?

Was gemeinhin Digitalisierung genannt wird, besteht eigentlich aus vier Elementen, die sich gegenseitig bedingen und verstärken, nämlich Datengenerierung, Datenaufbewahrung, Datenübermittlung und Datenanalyse. Daten werden von immer mehr und immer kleineren Apparaten – Kameras, Sensoren, RFID-Chips, Smartphones – an immer mehr Orten in immer grösserer Anzahl zu immer geringeren Kosten generiert. Das Gleiche gilt für die Datenaufbewahrung: Es können immer mehr Daten auf immer kleinerem Raum zu immer günstigeren Preisen aufbewahrt werden. Drittens werden Daten dank Telekominfrastruktur immer schneller in immer grösseren Mengen zu immer günstigeren Preisen übermittelt, sodass viele Daten heute weltweit in Echtzeit verfügbar sind. So kann man auf Flight-Radar und ähnlichen Apps in Echtzeit verfolgen, wo der Flieger gerade ist. Oder ich kann von irgendwo auf der Welt den Stromkonsum meiner Wohnung in Echtzeit überwachen. Das vierte Element ist die Analyse dieser Daten, insbesondere dank rasanter Fortschritte bei der künstlichen Intelligenz und beim Maschinenlernen: Immer mehr

Daten können immer rascher und immer billiger analysiert, visualisiert und auf Kundenbedürfnisse hin verarbeitet werden.

Alle vier Elemente zusammen ermöglichen die neuen Geschäftsmodelle der sogenannten digitalen Plattformen. Solche Plattformen vermitteln physische, aber auch digitale Dienstleistungen an Kunden/Benutzer über ein digitales Interface (typischerweise eine App). Sie koordinieren dabei eine Vielzahl (potenziell unendliche Zahl) von Anbietern mit einer Vielzahl (potenziell unendlichen Zahl) von Kunden. Plattformen sind deshalb potenziell globaler Natur oder zumindest nicht an nationale Grenzen gebunden. Das Geschäftsmodell dieser Plattformen beruht auf den sogenannten Netzwerkeffekten, wie wir sie schon von den traditionellen Infrastrukturen (insbesondere Telekom und Post) her kennen: Je mehr Anbieter (Sender, Anrufer usw.) an einem Ende des Netzes hängen, desto besser ist es für die Kunden (Empfänger, Angerufene usw.). Und umgekehrt: Je mehr Kunden eine Plattform wie zum Beispiel Amazon benutzen, desto interessanter ist die Plattform für diejenigen, die darauf etwas verkaufen möchten. Solche Netzwerkeffekte führen wie bei den traditionellen Infrastrukturen zu Monopolen, auch «The winner takes it all»-Dynamik genannt, oder schlicht «direkte Netzwerkeffekte». Diese Dynamik hin zum Monopol wird bei den digitalen Plattformen noch zusätzlich verstärkt durch die indirekten Netzwerkeffekte. Wenn man noch weitere Parteien ins Spiel bringt und noch mehr Anbieter und Kunden an einem Netz hängen, wird dieses Netz für die Werbung immer interessanter. Und je mehr Werbung geschaltet wird, desto günstiger und desto attraktiver ist das Netz für Anbieter und Kunden.

Wie soll man Digitalisierung denken?

Die Digitalisierung lässt sich generell als Überlagerung einer physischen Leistungserbringung durch ein digitales Interface (typischerweise eine digitale Plattform) darstellen. Damit migriert die Kundenschnittstelle vom physischen zum digitalen Leistungserbringer. Diese Entwicklung lässt sich bei allen erfolgreichen digitalen Plattformen beobachten (Amazon, Airbnb, booking.com usw.). Mit anderen Worten, die physische Infrastruktur wird von einer digitalen Schicht überlagert. Die Dienstleistungen, die früher vom physischen Infrastrukturdienstleister (zum Beispiel vom Taxi, von der Eisenbahn oder Swisscom) erbracht wurden, werden jetzt von einer digitalen Plattform vermittelt. Die Kundin und der Kunde migrieren vom physischen Leistungserbringer zur Plattform. Die Kunden sind jetzt zum Beispiel Kunden von Booking.com (statt dem lokalem Hotel), von Rentalcar.com (statt von Hertz), von Coursera (statt der Universität) oder von Trainline (statt von der SBB) – und von Whatsapp, statt von Swisscom. Grafisch lässt sich dies in Form eines erweiterten Schichtenmodells darstellen.

Grafik 2: Erweitertes Schichtenmodell

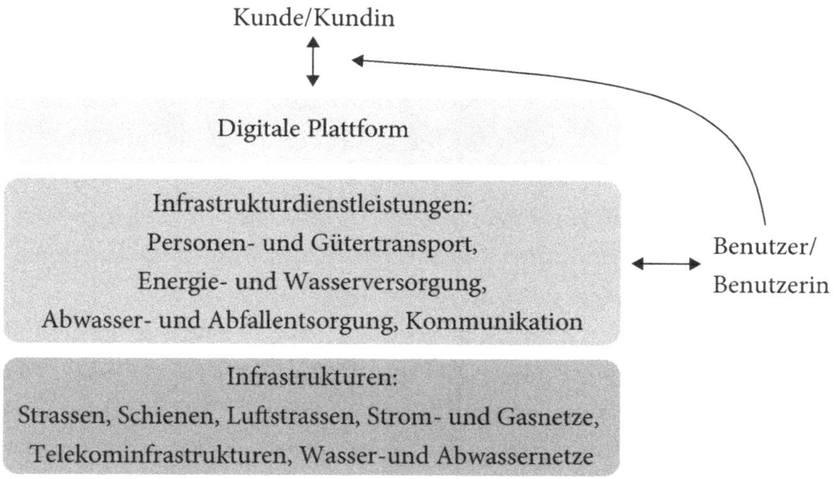

Quelle: Autor

Mit anderen Worten, wir sollten die digitalen Plattformen, die die physischen Infrastrukturen überlagern, als eine weitere Schicht, als eine Art digitale Infrastruktur betrachten. Allerdings ist diese dritte Schicht privater und potenziell globaler Natur. Sie ist auch nicht direkt an die unterliegende Infrastruktur gebunden, denn auf dieser dritten digitalen Schicht können zusätzlich noch ganz andere Dienstleistungen angeboten und mit den traditionellen

Infrastrukturdienstleistungen verknüpft werden. Also zum Beispiel eine Flugreise mit einem Versicherungs- oder einem Filmangebot.

Diese Ansichtsweise hilft uns vor allem dann, wenn es um die Regulierung dieser dritten digitalen Schicht geht, denn wir können uns dabei von der Regulierung der traditionellen Infrastrukturen inspirieren lassen (siehe unten). Aber vorher geht es darum zu verstehen, welche Herausforderungen diese dritte digitale Infrastrukturschicht für die traditionellen Infrastrukturen darstellt; mit anderen Worten, es geht darum, das Digitalisierungsdilemma besser zu verstehen.

Digitalisierungsdilemma

Wie oben schon ausgeführt, ist es im ureigensten Interesse eines jeden Infrastrukturunternehmens, sich zu digitalisieren, denn Digitalisierung optimiert die Koordination der verschiedenen Elemente einer Infrastruktur und führt deshalb zu grossen Effizienzgewinnen. Solche Effizienzgewinne sind insbesondere dann vonnöten, wenn der finanzielle Druck auf die Infrastrukturbetreiber steigt, sei es, weil der Subventionsgeber Druck macht oder weil gewisse Infrastrukturdienstleistungen im Zug der Liberalisierung dem Wettbewerb ausgesetzt worden sind. Mit anderen Worten, Infrastrukturunternehmen haben keine andere Wahl, als sich zu digitalisieren.

Die Infrastrukturunternehmen haben es aber bis zu einem gewissen Grad selbst in der Hand, ob sie den Plattformen Daten liefern müssen oder nicht und welche Daten sie genau liefern wollen. Zu gewissen Daten haben Plattformen unbeschränkten Zugang, sei es, weil sie öffentlich zugänglich gemacht werden (das ist bei vielen subventionierten Dienstleistungen der Fall, wie zum Beispiel bei den Forschungsdaten), oder weil die Plattformen selbst darauf zugreifen können (zum Beispiel via das Smartphone der Benutzer) oder weil sie von Intermediären erhoben und deshalb kommerziell erworben werden können. Das Problem ist ebenfalls, dass Daten nicht einfach Daten sind. Unter dem Wort «Daten» vermischt man oft Rohdaten (zum Beispiel Geodaten, Statistiken) mit hochwertigen Informationen wie Ticketpreisen, Vertriebs- und Echtzeitinformationen und mit unternehmensrelevantem strategischem Wissen (zum Beispiel Kundenverhalten). Diese Vermischung verkennt die strategische Natur von Daten, Informationen und aus der Datenanalyse gewonnenem Wissen. Aber es ist auch so, dass Plattformen, die Zugang zu vielen Daten haben, dank ihrer Algorithmen aus minderwertigen Daten selbst hochwertige Information oder strategisches Wissen generieren können – und manchmal so über das Unternehmen, das sie plattformisieren, mehr wissen als das Unternehmen von sich selbst. Diese Aussage gilt übrigens ebenfalls für die Benutzer der Plattformen.

Für die so plattformisierten Infrastrukturbetreiber und Infrastrukturdienstleister bringt dies drei Herausforderungen mit sich: Erstens verlieren die Infrastrukturunternehmen den direkten Zugang zu ihren Benutzern und/oder Kunden, können so ihr Angebot nicht mehr an deren Bedürfnisse anpassen und es wird schwieriger für sie, zu innovieren. Zweitens schöpfen die Plattformen einen Teil der Margen ab, typischerweise 20 bis 30 Prozent, Geld, das nun fehlt, um die Infrastrukturen zu unterhalten und weiterzuentwickeln. Entweder muss der Staat die Infrastrukturen nun noch mehr subventionieren (das heisst er subventioniert indirekt die Plattformen), oder es müssen Qualitätseinbussen in Kauf genommen werden. Drittens bieten viele, wenn nicht die meisten Infrastrukturdienstleister einen Service public an. Nun wird aber das Angebot von der Plattform definiert und diese kann Service-public-Dienstleistungen nach Belieben gegen andere kommerzielle Dienstleistungen in Konkurrenz setzen und so selbst «Service-public-Politik» machen. Mit anderen Worten, der Staat läuft mit der Digitalisierung Gefahr, dass er seine Policy-Rolle in den Infrastruktursektoren an die Plattformen abgibt. Wenn er diese Rolle weiterhin wahrnehmen will, muss er regulatorisch aktiv werden (mehr dazu in Kapitel 5).

Was macht die Schweiz?

Während EU-seitig ein grosser Aktivismus entwickelt wird, um diese globalen und privaten Plattformen unter Kontrolle zu bringen, ist man in der Schweiz zögerlich und teilweise sogar kontraproduktiv unterwegs. Zur Erinnerung: Die EU hat schon 2016 die General Data Protection Regulation (GDPR) erlassen, um die Privatsphäre der EU-Bürger zu schützen. Der Digital Services Act und der Digital Markets Act (beide 2020) zielen direkt auf die

Marktmacht der grossen privaten Plattformen ab und versuchen deren Monopolstellung zu reduzieren. Mit dem Data Act und dem Data Governance Act (2022) versucht die EU, Datenaustausch unter sicheren Rahmenbedingungen zu fördern, um so eine eigene europäische Datenökonomie zu schaffen. Ich bezweifle, ob man sich in Bundesbern schon der Tragweite und der Auswirkungen dieser Regulierungswelle bewusst ist. Zum Beispiel hat der Bundesrat 2022 einen Bericht zur digitalen Selbstbestimmung publiziert. Statt auf EU-Regulierung setzt man darin auf die Erarbeitung eines «freiwilligen Verhaltenskodex» und will diese Vision, als Alternative zur EU, gleich global vermarkten.

Auch was die Infrastrukturen betrifft, bastelt die Schweiz an einer Lösung, die klar in die falsche Richtung geht. Seit 2020 setzt die EU schrittweise ihre Datenstrategie um, deren Ziel ist, den regulatorischen Rahmen für eine gesicherte europäische Dateninfrastruktur zu erstellen, um so einen EU-weiten Datenmarkt zu schaffen. Letztlich geht es darum, die europäische Datenökonomie zu befördern, um so den globalen Plattformen etwas entgegensetzen zu können. Diese Strategie wird sektoriell in neun europäischen Datenräumen durchgespielt, darunter, und für dieses Buch relevant, einem Mobilitätsdatenraum und einem Energiedatenraum. Für die Schweiz wären sicher auch die Finanz-, die Forschungs-, die Human-Resources- und die Gesundheitsdatenräume beobachtenswert und, wer weiss, vielleicht sogar inspirierend.

Und was machen wir stattdessen? Wir (konkret das BAV) schicken ein Mobilitätsdateninfrastrukturgesetz (MODIG) in die Vernehmlassung, das den Eintritt der privaten und globalen Mobilitätsplattformen aktiv befördert und damit den in der Schweiz hochstehenden ÖV doppelt schwächt, finanziell und angebotsseitig. Mit MODIG wird der Bund ermächtigt, den globalen Mobilitätsplattformen zu helfen, gratis auf Daten, Informationen und sogar strategisches Wissen der ÖV-Unternehmen zuzugreifen, um so ihre eigenen privaten digitalen Mobilitätsangebote zu schalten. Plakativ gesagt wird der ÖV den Googles der Welt zum Frass vorgeworfen. Der Präsident der EPFL, Martin Vetterli, nennt dies sehr treffend die *Kuckucksökonomie*. Wie oben schon ausgeführt, wird dies dazu führen, dass diese privaten globalen Plattformen die Gewinne abschöpfen, diese aber nicht in die Mobilitätsinfrastruktur der

Schweiz reinvestieren, sodass der Staat am Schluss diese fehlenden Investitionen kompensieren muss und so indirekt die Plattformen subventionieren wird. Zudem werden die Mobilitätsplattformen den ÖV in Konkurrenz zur Strasse setzen. Angesichts der ungleich schwächeren Internalisierung der Externalitäten im Strassenverkehr wird der ÖV in diesem von den Plattformen geschaffenen Konkurrenzkampf verlieren, was dazu führen wird, dass die Qualität des Angebots sinken wird oder dass der Staat noch mehr subventionieren muss. Zudem wird die politisch gewollte Verkehrsverlagerungspolitik verunmöglicht, da die «Koordination der Mobilität» dem Staat entzogen und den Plattformen übertragen wird. Die asymmetrische Natur der Gesetzesvorlage leistet dieser Entwicklung noch zusätzlich Vorschub: Während die privaten Mobilitätsanbieter wahrscheinlich freiwillig keine oder nur mindere Daten liefern werden, werden die ÖV-Anbieter gezwungen, hochwertige Informationen und unternehmensrelevantes strategisches Wissen (genannt Kerndaten) zu liefern. Der ÖV-Branche wird so de facto die Kontrolle über die Gestaltung des ÖV entzogen. Ein wahrlich origineller Beitrag der Schweiz zur Digitalisierung der Mobilität. Und das ist leider nur ein Beispiel.

Schlussbemerkungen

Im ersten Kapitel habe ich die erfolgreiche Entwicklung der Infrastrukturen der Schweiz beschrieben und dabei die klassische sektorielle Perspektive gewählt. So waren ja die Infrastrukturen in der Vergangenheit weltweit auch gebaut und administriert worden. In diesem Kapitel ging es mir darum zu zeigen, wie sich die Rahmenbedingungen dieser Infrastrukturen grundlegend geändert haben: Dadurch, dass sich das Land immer mehr verdichtet und verstädtert, kommen sich die Infrastrukturen auf und unter dem Boden immer mehr in die Quere und müssen deshalb immer mehr in ihrer Abhängigkeit voneinander geplant, gebaut, betrieben und unterhalten werden. Und weil Verdichtung, Verbauung und Verstädterung nicht an der Schweizer Grenze aufhören, müssen die Infrastrukturen ebenfalls zunehmend in ihrer Vernetzung mit und in Abhängigkeit von Europa (zumindest von der Blauen Banane) gedacht werden. Ganz abgesehen davon, dass die EU seit den 1990er-

Jahren die europäischen Infrastrukturen ebenfalls als europaweit vernetzte Systeme – mit einer Kombination von Monopol, Wettbewerb und vor allem viel Regulierung – angeht, müssen wir die Regulierung sowieso grösstenteils übernehmen, bestenfalls können wir sie ein bisschen abschwächen.

Hinzu kommen seit den letzten 10 bis 15 Jahren die transversalen Themen der Dekarbonisierung und der Nachhaltigkeit. Auch diese zwingen uns, die Infrastrukturen in Abhängigkeit voneinander zu denken und weiterzuentwickeln. Befördert wird diese Entwicklung ebenfalls, wie wir in Kapitel 4 sehen werden, von der Entwicklung neuer Technologien, die eben gerade an den Schnittstellen der verschiedenen Infrastrukturen entstehen. Und schliesslich ist da die Digitalisierung, die einerseits alle Infrastrukturen durchdringt und andererseits als eine zusätzliche Schicht (von Infrastruktur) die bereits existierenden Schichten überlagert und damit die existierenden Infrastruktursilos neu aufmischt.

All diese neuen Rahmenbedingungen sind weniger eine technologische als vielmehr eine institutionelle Herausforderung: Wie können wir aus den traditionellen Infrastruktursilos – mit je spezifischen Technologien, Unternehmen, Verwaltungsabteilungen und Regulatoren – ausbrechen und die Planung, den Bau, das Betreiben und das Regulieren der Infrastrukturen vernetzter und sektorübergreifender angehen? Das ist nicht nur ein schweizerisches Problem. Auch die EU ist in Sachen Infrastrukturgouvernanz immer noch sehr traditionell unterwegs: Elektrizität und Gas sind bei DG ENER, Luftfahrt, Schiene, Strasse, Schifffahrt und ÖV bei DG MOVE, Telekom bei DG CONNECT, Wasser und Post beim internen Markt DG GROW. Und sogar innerhalb dieser DGs herrscht oft noch Silodenken. Die Notwendigkeit, die Infrastrukturen vernetzt und systemisch anzugehen, ist zwar in Brüssel erkannt, aber institutionell schwierig abzubilden und noch schwieriger umzusetzen. Aber weil sowohl die Dekarbonisierung (und die Nachhaltigkeit generell) als auch die Digitalisierung von der EU als Querschnitt-Herausforderungen angegangen werden, kommt zumindest von dort eine gewisse Dynamik ins gängige Silodenken. Im nächsten vorwiegend konzeptuellen Kapitel werde ich deshalb aufzeigen, wie eine solche vernetzte und systemische Angehensweise aussehen könnte.

Kapitel 3

Anforderungen an die Infrastruktursysteme

Die Schlussfolgerung des vorhergehenden Kapitels ist, dass Infrastrukturen in einer verdichteten, verbauten und verstädterten Landschaft und vor dem Hintergrund des Drucks zur Dekarbonisierung, zur Nachhaltigkeit und zur Digitalisierung in Zukunft viel stärker in Abhängigkeit voneinander angegangen werden müssen. Statt als Silos müssen die zukünftigen Infrastrukturen als Systeme geplant, gebaut, betrieben, unterhalten und reguliert werden. Und genau das wird bereits heute in gewissen stark verstädterten Gebieten der Welt ansatzweise gemacht.[2] Urbane Infrastrukturen werden dort als «komplexe, dynamische soziotechnische Systeme» betrachtet. Ich denke, dass diese systemische Angehensweise der Infrastrukturen gerade für eine Metropolitanregion wie die Schweiz sehr relevant sein könnte. Dieses Kapitel ist deshalb konzeptueller, aber auch kürzer als alle anderen; ich werde darin primär argumentieren, welchen Anforderungen solche urbane Infrastruktursysteme zu genügen haben.

Diese Angehensweise der Infrastrukturen als (komplexe, dynamische, soziotechnische) Systeme steht in einem gewissen Gegensatz zu den traditionellen sozialwissenschaftlichen Angehensweisen, nämlich «Infrastrukturen als Service public» einerseits (portiert von Politologen und Verwaltungswissenschaftlern) und «Infrastrukturen als Märkte» andererseits (portiert von

---

2 Ich habe zwischen 2014 und 2022 ein globales Weiterbildungsprogramm zur Gouvernanz von urbanen Infrastruktursystemen geleitet, genannt Innovative Governance of Large Urban Systems (www.iglus.org). Dieses Kapitel baut auf den Erfahrungen auf, die ich dabei gewonnen habe.

Ökonomen und Managementgurus). Politologen und Verwaltungswissenschaftler sind eher der Zeit vor der Liberalisierung verhaftet und setzen Infrastrukturen oft mit öffentlichen Unternehmen und genereller mit Staatseigentum gleich. Aus ihrer Sicht sind die (öffentlichen) Infrastrukturunternehmen vorwiegend dem Service public verpflichtet und verfolgen nicht primär marktwirtschaftliche Ziele, auch wenn die Bürgerinnen und Bürger für die Dienstleistungen bezahlen. Aber diese öffentlichen Dienstleistungen müssen erschwinglich und flächendeckend verfügbar sein und dem Gemeinwohl dienen. Die Idee, dass Infrastrukturen ein Markt sind, war der Treiber und die (theoretische und ideologische) Rechtfertigung der Liberalisierung derselben ab den 1990er-Jahren. Sie besagte, in ihrer extremen Ausprägung, dass Infrastrukturgüter wie Konsumgüter zu betrachten sind und forderte deshalb Marktöffnung und Privatisierung, auch in den Infrastruktursektoren. In ihrer «sanfteren» und realistischeren Ausprägung, die letztlich von der EU portiert und grösstenteils auch umgesetzt wurde und immer noch wird, unterscheidet man zwischen den monopolistischen Infrastrukturen (kein Wettbewerb) und den Dienstleistungen auf diesen monopolistischen Infrastrukturen (mit Wettbewerb). Dies ist das sogenannte Schichtenmodell der Infrastrukturen, das ich in Kapitel 1 präsentiert habe. Bei beiden Angehensweisen der Infrastrukturen geht es jedoch nicht primär um das Betreiben von Systemen, sondern um die Produktion von – entweder privaten oder öffentlichen – Dienstleistungen.

Beide Angehensweisen sind natürlich nicht falsch, aber sie haben uns während der letzten 30 Jahre in eine ziemlich sterile und letztlich ideologische Debatte verstrickt. Sowohl die Sozialwissenschaften als auch die Politik, die mehrheitlich noch diesem simplizistischen und veralteten Links-rechts-Schema verhaftet ist, haben immer noch Mühe, daraus auszubrechen. Denn in Tat und Wahrheit sind Infrastrukturen komplexe und zunehmend dynamische Systeme, in denen es viele Marktelemente gibt, die aber letztlich dem Wohlergehen von Wirtschaft und Gesellschaft, das heisst dem öffentlichen Interesse dienen sollen. Beide Angehensweisen blenden leider sowohl die technologische als auch die territoriale (Stichwort: Verdichtung) Natur von Infrastrukturen aus. Insbesondere die technologische Dimension ist aber zentral, denn es sind die Technologien, die die Infrastrukturen zum Funktionieren bringen und die, kombiniert mit den im letzten Kapitel beschriebenen neuen Rahmenbedingungen, uns zwingen, die Infrastrukturen als immer komplexere und immer dynamischere Systeme anzugehen. Und Infrastrukturen sind natürlich immer auch soziotechnische Systeme, denn sie werden von (wirtschaftlichen und gesellschaftlichen) Akteuren geplant, finanziert, gebaut, betrieben, unterhalten, reguliert und gebraucht.

Aufbauend auf meiner Erfahrung mit Infrastrukturen in grossen urbanen Räumen (Sechs- bis Zwölfmillionenstädte) unterscheide ich in diesem Kapitel drei in sich relativ konsistente Infrastruktursysteme, nämlich ein Energieversorgungssystem, ein Mobilitätssystem und ein Ressourcenbewirtschaftungssystem (Wasser, Abwasser, Abfall, Fernwärme usw.). Die relevante territoriale Einheit für das erste System ist klar die Metropolitanregion (Schweiz), für das zweite sind es eher die Metropolitanräume, wie ich sie in Kapitel 2 definiert habe, und für das dritte eher die Agglomerationen. Die Anforderungen an alle drei Infrastruktursysteme sind jedoch immer die gleichen, nämlich Effizienz, Nachhaltigkeit und Resilienz, manchmal auch Fehlerfreundlichkeit genannt. Vor allem die Anforderung der Effizienz ist relativ einleuchtend, und man könnte meinen, dass nach Liberalisierung (Wettbewerb) und Regulierung (des Restmonopols) die Effizienz eigentlich kein Thema mehr sein sollte. Das kann auch so sein, wenn man die Infrastrukturen als Silos betrachtet. Werden jedoch Systeme betrachtet, so ist das Effizienzpotenzial generell noch gross bis sehr gross, wie wir unten an den Beispielen der drei Infrastruktursysteme sehen werden. Aber Infrastruktursysteme müssen ebenfalls so nachhaltig wie möglich gebaut und betrieben werden. Ein effizientes Infrastruktursystem ist notwendigerweise nachhaltiger als ein weniger effizientes. Aber das genügt noch nicht. Nachhaltigkeit heisst auch, so wenig Energie wie möglich und so nachhaltig produzierte Energie wie möglich für deren Betrieb zu gebrauchen. Nachhaltige Infrastruktursysteme benutzen ebenfalls so wenig Platz wie möglich und funktionieren nach den Prinzipien der Kreislaufwirtschaft, das heisst so viel wie möglich rezyklieren. Die dritte Anforderung an Infrastruktursysteme ist diejenige der Resilienz, was heisst, dass sie so verlässlich wie möglich funktionieren sollen. Dazu braucht es eine gewisse Redundanz, Reserve oder «Spatzung», was sich seinerseits negativ auf die Effizienz und die Nachhaltigkeit auswirken kann. Aber Infrastrukturen sind nun einmal so grundlegend für des Funktionieren von Gesellschaft und Wirtschaft, dass man sich längere Ausfälle nicht leisten kann. Ich werde nun hier jede dieser drei Anforderungen für jedes der drei grossen Infrastruktursysteme – Energieversorgung, Mobilität und Ressourcenbewirtschaftung – diskutieren.

Energieversorgungssystem

Energie ist die Basis von allem, und zwar nicht nur von Mobilität, von Kommunikation, von Gebäuden, von Wasserversorgung und -entsorgung und von Abfallbewirtschaftung, sondern ebenfalls von Landwirtschaft und industrieller Produktion. Kurzum, Energie ist die Bedingung für Wirtschaftswachstum und gesellschaftliche Entwicklung. Darum muss man mit der Energie anfangen, aber es ist wichtig, zuerst ein paar technische Elemente klarzustellen, damit die Energie als Gesamtsystem betrachtet werden kann. Es gibt zuerst einmal primäre Energiequellen, nämliche fossile (Kohle, Gas, Öl und Holz), nukleare (Uran) und erneuerbare. Wasser, Sonne, Holz und Geothermie sind erneuerbare Energiequellen, allerdings ist man dort an biologische, hydrologische und geologische Gesetze und Grenzen gebunden. Als Zweites gibt es Energievektoren (sogenannte sekundäre Energie), allen voran Elektrizität, aber auch Fernwärme (und Fernkälte) sowie Wasserstoff (Gas). Die Transformation von primärer Energie in Energievektoren verbraucht ihrerseits primäre oder sekundäre Energie. Zum Beispiel braucht eine Wärmepumpe (Geothermie als primäre Energiequelle) Strom. Als Drittes muss man den Transport von primärer oder sekundärer Energie erwähnen: Man kann primäre Energie bis zum Ort ihres Konsums transportieren (also Benzin bis an die Tankstelle, Heizöl bis ins Haus), oder man kann primäre Energie in sekundäre Energie transformieren und dann die sekundäre Energie bis zum Ort ihres Konsums transportieren, also zum Beispiel Elektrizität bis in die Steckdose. Den Strom zu transportieren braucht seinerseits Strom, und Benzin zu transportieren braucht auch wieder Benzin usw.

Generell ist der (primäre) Energiekonsum einer Gesellschaft an den Lebensstandard gekoppelt: Bruttosozialprodukt (eines Lands) und primärer Energieverbrauch korrelieren beinahe zu 100 Prozent. Der primäre Energieverbrauch der Schweiz hat sich zwischen 1950 und heute versechsfacht. Es ist auch so, dass reichere Personen tendenziell mehr Energie konsumieren als ärmere. Ökonomen versuchen uns zu überzeugen, dass es möglich ist, Wirtschaftswachstum (und Reichsein) vom primären Energieverbrauch zu entkoppeln, indem man von einer industriellen Produktionsökonomie in eine postindustrielle Dienstleistungsökonomie übergeht. Und man kann in der Tat beweisen, dass der primäre Energieverbrauch der Schweiz absolut (und noch mehr pro Kopf) ab den 2010er-Jahren abnimmt, das Bruttosozialprodukt jedoch zunimmt. Dies ist sicher zu einem beträchtlichen Teil auf Effizienzanstrengungen zurückzuführen, ist aber teilweise auch mit der sogenannten grauen Energie erklärbar: Dadurch, dass die industrielle Produktion immer mehr ins Ausland abwandert und wir den Grossteil unserer Konsumgüter importieren, fällt die primäre Energie im Ausland, oft in den Schwellenländern, an und wird bei uns nicht mehr reingerechnet. Es ist natürlich so, dass die Energieeffizienz mit dem technologischen Fortschritt zunimmt, das heisst, dass pro Einheit Wirtschaftswachstum tendenziell weniger primäre Energie verbraucht wird. Diese Effizienzgewinne nehmen jedoch tendenziell ab und sind irgendeinmal ausgereizt, denn die Gesetze der Physik, insbesondere das Zweite Entropiegesetz, können durch den technologischen Fortschritt nicht ausser Kraft gesetzt werden, auch nicht von Ökonomen.

Effizienz

Aber Effizienzgewinne – sei es bei der Extraktion der Primärenergie oder deren Transformation in sekundäre Energie und bei deren Transport – sind sicher noch lange nicht ausgereizt. Dies ist umso mehr der Fall, wenn wir einen systemischen Ansatz wählen. Schauen wir uns ein paar Beispiele an: Wird jedes Haus individuell mit Öl beliefert und geheizt, ist das weniger effizient als eine Zentralheizung in einem Block, und wenn die Wärme nicht durch das Verbrennen von Öl, sondern von Müll kommt, ist das nochmals effizienter. Oder wenn in einer Fabrik die Wärme, die durch Industrieprozesse entsteht, gesammelt und für das Heizen von Häusern gebraucht wird, ist das ebenfalls effizienter. Oder wenn aus der Abfallwärme Elektrizität produziert wird, die ihrerseits in Batterien gespeichert werden und später gebraucht werden kann, ist das nochmals effizienter.

Verdichtung und Verstädterung vergrössern das Effizienzpotenzial; Wirtschaftswissenschaftler nennen dies *Ökonomien der Dichte* (*Economies of Density*): Weil dichter und besser gebaut wird und weil teilweise lokal produzierte erneuerbare Energien zum Zug kommen, werden tendenziell ebenfalls die Transportwege vor allem von sekundärer Energie (Strom, Wärme) verkürzt, was wiederum weniger Energie braucht. Die ganze wissenschaftliche Disziplin der sogenannten industriellen Ökologie baut auf diesem systemischen Ansatz auf: Der Abfall des einen ist der Energieinput des anderen. Damit diese systemischen Effizienzsteigerungsmassnahmen zum Tragen kommen, braucht es Technologien, aber vor allem Gesetze und Regulierungen – und damit politischen Willen, denn all dies ist meistens mit Investitionen und höheren Kosten verbunden, die sich erst über längere Zeit auszahlen. Die Digitalisierung birgt ebenfalls ein grosses Potenzial an Energieeffizienz, und dieses Potenzial beginnt beim smarten (sprich energieeffizienteren) Haushalt, via smarte Gebäude hin zu smarten Quartieren und schliesslich smarten Städten. Aber auch Digitalisierung geschieht nicht einfach von selbst, sondern braucht ihrerseits Energie, Gesetze und Regulierungen, die sie möglich machen und beschleunigen. Und Digitalisierung braucht ebenfalls Investitionen in entsprechende Technologien.

Das alles braucht Zeit. Es ist leicht, effizientere Energieversorgungssysteme zu konzipieren, insbesondere ab einer gewissen geografischen Dichte. Das geht am besten, wenn man das auf der grünen Wiese tut, das heisst, wenn ein ganzes Quartier neu gebaut werden kann. Aber sobald wir mit dem Existierenden kämpfen müssen, mit verschiedenen Investitionszyklen und noch nicht abgeschriebenen Vermögenswerten, wird es problematisch. Auch die Koordination unter den verschiedenen Akteuren ist eine Riesenherausforderung. In der Tat sind die technologischen und sogar die finanziellen Herausforderungen oft viel leichter zu bewältigen als die institutionellen, das heisst, das Abstimmen der verschiedenen involvierten Akteure aufeinander. Aber generell gesehen ist das Effizienzpotenzial bei der Energieversorgung riesig, insbesondere wenn wir eine systemische Angehensweise wählen, und diese Angehensweise drängt sich mit der zunehmenden Verstädterung und mit den Möglichkeiten der Digitalisierung geradezu auf. Aber auch wenn das Potenzial der Energieeffizienz substanziell gesteigert oder vielleicht eines Tages sogar voll ausgeschöpft ist, löst dies das Problem nicht: Wir gewinnen zwar Zeit, aber das Problem der Nachhaltigkeit müssen wir trotzdem und am besten schon jetzt angehen.

Nachhaltigkeit

Der absolute Energieverbrauch der Schweiz nimmt zwar seit etwa zehn Jahren tendenziell ab, aber primäre Energie braucht es immer noch, und ohne primäre Energie werden weder die Wirtschaft noch die Gesellschaft funktionieren. Wo kommt diese Energie her? Wie oben aufgezeigt sind in der Schweiz immer noch etwa 75 Prozent der Energiequellen fossiler, sprich karbonisierter Natur. Erneuerbare primäre Energien – Wasser, Wind, Sonne, Biomasse und Holz – machen etwa 18 Prozent aus, der weitaus grösste Teil davon ist Wasser. Sie dienen in erster Linie der Stromproduktion. Fällt einmal die Atomenergie weg, dann muss zuerst einmal dieses Manko an Strom kompensiert werden. Wodurch wissen wir noch nicht, denn wir bauen nicht genügend Erneuerbare. Auch auf Importe kann man nicht zu sehr hoffen, denn ohne Stromabkommen gibt es die nicht; auch wenn es sie noch gäbe, dann wären sie vor allem nuklearer oder fossiler Natur (Kohlestrom).

Elektrifizierung wird generell als Alternative zur fossilen Energie gehandelt, und dies vor allem im Transport (Elektrofahrzeuge) und bei der Gebäudeheizung (Wärmepumpen). Das stimmt, solange die Elektrizität aus erneuerbaren Quellen stammt. Aber auch hier muss man sich bewusst sein, dass Primärenergie in den Vektor Elektrizität transformiert werden muss (mit entsprechenden Effizienzverlusten) und dass Elektrofahrzeuge ebenfalls viele Ressourcen, insbesondere rare Metalle brauchen. Die gleichen Überlegungen gelten für Wasserstoff (H_2), der vor allem im Transport und in der Industrieproduktion eine Alternative zu fossilen Energiequellen sein kann. Aber Wasserstoff ist wiederum nur dann nachhaltig, wenn es sich um sogenannten grünen Wasserstoff handelt, also Wasserstoff, der durch erneuerbare Energien (Sonne, Wind, Geothermie) produziert wurde. Heute werden aber 99 Prozent des weltweit produzierten Wasserstoffs immer noch aus fossilen Energiequellen gewonnen, ein Prozess, der zudem noch viel Methan in die Atmosphäre entlässt, ein sehr potentes Treibhausgas. Und auch grüner Wasserstoff macht nur dann Sinn, wenn der elektrische Antrieb nicht direkt möglich ist, wie heute noch beim Fliegen, denn sonst sind die Effizienzverluste zu gross. Bei der Heizung von Gebäuden kann man ebenfalls die Fernwärme in Betracht ziehen, sofern diese durch Geothermie oder das Verbrennen von Holz oder Abfall produziert wird. Kurzum, rein theoretisch ist es zwar möglich, die fossilen Energiequellen durch erneuerbare Quellen zu ersetzen, und wie der Ukraine-Krieg gezeigt hat, wäre dies auch geopolitisch und ökonomisch, nicht nur ökologisch die optimale Lösung. Aber die Enormität der Herausforderung (rund drei Viertel der Energiequellen sind bis 2050 und die Hälfte davon bis 2030 durch erneuerbare Energiequellen zu ersetzen), macht dies zu einem ziemlich unrealistischen Unterfangen und man täte gut daran, der Bevölkerung klaren Wein einzuschenken.

Wollen wir den CO_2-Gehalt in der Atmosphäre weltweit und in der Schweiz auch nur ein bisschen reduzieren, dann brauchen wir weitere Lösungen, und zwar sowohl technologischer wie auch institutioneller Natur. Technologischerseits bietet sich das sogenannte CCS (Carbon Capture and Storage) an, eine Technologie, die das CO_2 gleich bei der Produktionsquelle (zum Beispiel beim Kohlekraftwerk) einfängt und in den Boden versenkt oder zu Baumaterial verarbeitet. Noch weniger reif ist die Technologie, die das CO_2 aus der Atmosphäre nimmt. Weitere Technologien sind sogenannte grüne Infrastrukturen, wie zum Beispiel das Pflanzen von Wäldern. Auch dies ist nur eine temporäre Lösung, denn früher oder später wird das Holz auch wieder verbrannt und das so sequestrierte CO_2 wieder in die Atmosphäre entlassen.

Wenn wir grossen politischen Willen und viel Geld (und ebenfalls ein bisschen Glück) haben, dann werden diese vor allem technologischen Lösungen über kurz oder lang zu greifen beginnen, und vielleicht werden sogar noch neue technologische Innovationen auftauchen. Reichen für eine nachhaltige Energieversorgung der Schweiz und der Welt – geschweige denn für Netto-Null bis zum Jahr 2050 – werden sie aber nicht. Ein reduzierter primärer Energieverbrauch wird früher oder später notwendig werden. Ob dieser überhaupt eintritt, wird vor allem von dessen sozialer Akzeptanz abhängen. Auch hier wird eine systemische Betrachtung helfen: Wie und wo kann man mit einem Minimum von Energiedrosselung ein Maximum von CO_2-Reduktion erreichen … und damit ein Minimum an wirtschaftlichen und sozialen Problemen generieren?

Resilienz

Die dritte Anforderung an ein Energieversorgungssystem ist dessen Resilienz. Wir sind uns seit den 1950er-Jahren eine verlässliche Energieversorgung gewohnt: Strom fliesst und Benzin ist an jeder Tankstelle zu haben, wenn auch manchmal ein bisschen teuer. Ökonomen – insbesondere während der Liberalisierungseuphorie (1990–2010) – meinten, der Markt sei das Instrument der Resilienz und der Versorgungssicherheit par excellence: Strom wird es immer geben und Benzin auch, es ist einfach eine Frage des Preises. Aber diese Logik funktioniert – nicht nur bei der Energie, sondern bei allen Infrastrukturen der Grundversorgung – lediglich bis zu einem gewissen Punkt: Zu teures Benzin (Wasser, Internet, Strom, Transport) und vor allem Versorgungsengpässe generieren soziale Unrast und damit politischen Interventionismus. Da kann man noch so lange behaupten, der Markt hätte es schon gerichtet. Die Politik wird bei den Infrastrukturen nicht auf den Markt warten, sie wird vorher aktiv. Die Stromversorgungsqualität wird heute in allen industrialisierten Ländern in Minutenunterbrüchen gemessen, und die meisten dieser Unterbrüche sind sowieso schon geplant. Es gibt keine Versorgungsengpässe und schon gar keine Blackouts. Aber das ist nicht nur so, weil der Markt funktioniert, sondern weil Redundanz eingeplant wurde (und man sich diese Redundanz leisten kann). Bei der Stromversorgung heisst das N-1. Mit anderen Worten gibt es immer eine Back-up-Stromtransportalternative, was wiederum kostet und nicht unbedingt hocheffizient ist, dafür aber verlässlich.

Zentralisierte Infrastruktursysteme sind generell verletzlicher als dezentralisierte, und das ist nicht nur beim Stromtransport so, sondern auch bei der

Stromproduktion. Fällt eines der vier noch im Betrieb stehenden Kernkraftwerke der Schweiz aus, so entsteht ein grosser Stress im Stromnetz, aber auch bei der Versorgungssicherheit, insbesondere wenn man nicht aus Europa importieren kann. Dezentrale Elektrizitätsproduktion mit kleinen Produktionseinheiten ist auf jeden Fall verlässlicher und führt zu keinem landesweiten Blackout; höchstens eventuell zu einem lokalen Engpass, aber dort kann auch lokal ausgeholfen werden. Man kann zwar Strom dezentral auch mit Gaskombikraftwerken produzieren – was im Moment als Alternative zum fehlenden Stromabkommen mit der EU gehandelt wird –, aber beim Gas sind wir nicht nur importabhängig, sondern abhängig von ganz wenigen und nicht immer sehr frequentablen Lieferanten. Mit anderen Worten: Gas ist nicht wirklich eine verlässlichere Alternative. Darum braucht die Schweiz ein viel resilienteres Energieversorgungssystem als heute, was heisst: weniger fossile Energien, weniger zentralisierte Stromproduktion (Kernkraftwerke) und viel mehr, wenn nicht aller Strom aus erneuerbaren dezentralen Energiequellen: Solar, Wind, Wasser, Abfall, Biomasse, inklusive Holz.

Mobilitätssystem

In der Zeit, in der wir noch in Silos dachten, sprach man von Transport und den verschiedenen Transportmodi, nicht von Mobilität. Wie in Kapitel 1 beschrieben, wurden und werden die verschiedenen Transportinfrastrukturen immer noch unabhängig voneinander geplant, gebaut und betrieben. Klar legte man oft eine Strasse neben die Schiene, aber nicht weil man sich einen Modaltransfer von der Strasse auf die Schiene erhoffte, sondern weil es einfacher war, neben einer schon gebauten Schiene Land zu enteignen. Flughäfen wurden sogar gebaut, ohne dass man die bestehenden Transportmodi betrachtete. Man baute eine Strasse zum Flughafen, damit die Taxis diesen bedienen konnten. Später baute man Parkings, aber erst jetzt realisiert man, dass man ja eigentlich mit dem Zug, der Metro, dem Tram oder sogar dem Velo zum Flughafen fahren kann.

Verdichtung und der daraus resultierende Mangel an Platz, Nachhaltigkeitsüberlegungen und die Digitalisierung führen dazu, dass man nicht mehr die Transportmodi einzeln betrachtet, sondern die Mobilität als integriertes System anschaut. Operatoren, Verwaltung und Regulatoren dieser verschiedenen Transportmodi haben natürlich Mühe damit, denn sie würden gerne so weiterfahren wie bisher, aber die Benutzer der verschiedenen Mobilitätsdienstleistungen und die Kunden von Transportlösungen (Verlader) möchten jetzt lieber integriertere Mobilitätslösungen, sowohl für den Personentransport wie auch für die Güter. Und auch Städte, Agglomerationen und Metropolitanräume hätten lieber integriertere Mobilitätslösungen, die ihre Strassen weniger verstopfen und zu weniger Verlust von wertvoller Zeit führen.

Effizienz

Ein integriert geplantes und bewirtschaftetes Mobilitätsinfrastruktursystem ist erstens ökonomisch effizienter, denn man baut und braucht den Transportmodus, der für den jeweiligen Transportabschnitt am günstigsten ist; es ist auch ökologisch effizienter, denn man braucht nicht jeden Transportmodus zu duplizieren oder zu triplizieren und braucht so weniger Land. Man kann auch die verschiedenen Transportmodi besser auslasten, denn im heutigen Durschnitt sind Autos in der Schweiz nur mit etwa 1,6 Personen besetzt und stehen 23 von 24 Stunden herum und verbrauchen wiederum wertvolles Land fürs Parken. Aber auch der Zug ist oft nicht gut ausgelastet, insbesondere nicht in Randregionen und in Randzeiten.

Personen möchten im Grund genommen so rasch und so billig und manchmal auch so ökologisch wie möglich von A nach B kommen. Das Gleiche gilt für Waren, die die Spediteure am liebsten so rasch und so billig wie möglich von A nach B transportiert haben möchten. Zu den guten alten Zeiten der unverstopften Strassen, des billigen Benzins oder der ökologischen Sorglosigkeit war dieses Ziel mit dem Auto oder dem Lastwagen zu erreichen, aber diese guten alten Zeiten sind passé. Eine systemischere Angehensweise der Personen- und Gütermobilität ist nun vonnöten. Generell gesehen ist der Zug das effizienteste Transportmittel für grosse Distanzen, das Auto, die Metro, das Tram, der Bus, das Velo, der E-Scooter, und die Füsse für die letzte Meile. Für noch grössere Distanzen ist das Flugzeug (Personen) und das

Schiff (Waren) effizienter. Das bedeutet, dass die Personen und die Güter von einem Transportmodus auf den anderen «umsteigen» müssen. Und das ist wiederum mit grossen Transaktionskosten verbunden, denn die verschiedenen Transportmodi wurden, wie gesagt, aneinander vorbeigebaut und aneinander vorbei-administriert. So wird es grosse Investitionen brauchen, um dieses Umsteigen leicht oder manchmal überhaupt erst möglich zu machen (siehe nächstes Kapitel).

Noch viel grössere Anstrengungen wird es brauchen, um die verschiedenen involvierten Akteure der Silos (Operatoren, Verwaltungsabteilungen, Regulatoren) dazu zu bringen, sich zu koordinieren. Und dazu bietet sich, zumindest als erster Schritt in die richtige Richtung, die Digitalisierung an: Wir kennen ja schon die Mobility-as-a-Service-(MaaS-)Lösungen für Personen, die in den urbanen Räumen zur Anwendung kommen, wenn auch nur langsam. Aber die Idee ist bestechend einfach: Das Individuum, ja sogar der gesamte Haushalt brauchen kein Auto mehr. Stattdessen gibt es ein Mobilitätsabonnement, das integrierte und Transportmodi übergreifende Mobilitätslösungen anbietet und garantiert. Hindernisse zur perfekten Realisierung von MaaS sind, wie schon gesagt, physischer (umständliches Umsteigen von einem Transportmodus auf einen anderen), aber auch institutioneller Natur (integriertes Ticketing). Aber MaaS ist sicher die Zukunft, zumindest auf der Ebene der Agglomerationen, der Metropolitanräume, wenn nicht sogar für die ganze Metropolitanregion Schweiz. Die gleichen Effizienzgewinne könnte man mithilfe der Digitalisierung sicher auch für den Gütertransport herausholen. Ziel wäre es natürlich, die MaaS-Algorithmen so programmieren zu lassen, dass nicht nur das für die Plattform vorteilhafteste Mobilitätsangebot herauskommt, sondern, je nach Wahl, das schnellste, das grünste, das billigste, das einfachste oder dasjenige, dass die verschiedenen Transportinfrastrukturen am besten auslastet. Aber dazu braucht es Staatsintervention.

Nachhaltigkeit

Effizientere Mobilitätssysteme sind automatisch auch nachhaltiger, denn wenn man auf weniger Umwegen, zu Randzeiten (bessere Auslastung), im Sharing-Modus (ebenfalls bessere Auslastung) oder mit dem CO_2-ärmsten

Verkehrsmittel fährt, so leistet man automatisch einen Beitrag zur Nachhaltigkeit. Aber damit der Algorithmus auch die nachhaltigste Mobilitätslösung ausspuckt, brauch es ebenfalls eine gewisse Kostenwahrheit, das heisst Internalisierung von Externalitäten oder eine richtigere Bepreisung der verschiedenen Mobilitätsangebote, in Abhängigkeit ihrer Umweltkosten, also ein Mobility Pricing. Das ist schon in sich selbst ein riesiges Unterfangen, denn zuerst gilt es, diese Externalitäten zu kennen, dann zu bepreisen und schliesslich, was am schwierigsten ist, diese Preise durchzusetzen. Denn nur so kann der Markt spielen, es sei denn, man versucht öffentliche Politiken – das heisst Ziele, wie zum Beispiel aktive Verkehrsverlagerung – in diese Algorithmen hineinzuprogrammieren. Aber dazu braucht es eine Regulierung der Mobilitätsplattformen und somit ein Minimum an technischem Wissen und ein Maximum an politischem Willen.

Aber ein nachhaltiges Mobilitätssystem geht noch weiter, und es müssen Fragen beantwortet werden. Brauchen wir so viel Mobilität? Muss es denn immer mit dem Flieger oder mit dem PKW (SUV) sein? Müssen die Güter von der anderen Seite des Planeten importiert werden? Dies sind heute noch Fragen der Selbstbeschränkung, eventuell Fragen der Preissignale, falls die ökologischen Externalitäten einmal richtig eingepreist sind. Aber mittel- und vor allem langfristig wird die Mobilität zum Politikum werden, und zwar je dichter besiedelt, desto grösser das Politikum. Wir sehen das heute schon bei den sogenannten City-Logistik-Ansätzen, nämlich wenn Stadtregierungen Gütertransporteure per Konzession zwingen, sich ökologischer zu verhalten. Persönlich bin ich auch überzeugt, dass in gar nicht so ferner Zeit der PKW vollständig verschwinden wird (zumindest aus den Stadtkernen). Zu hoch sind seine Kosten in Form von Platzverbrauch, Unfällen, Lärm, Verschmutzung und generell negativen Auswirkungen auf die urbane Lebensqualität. Auch Fliegen, zumindest über kürzere Distanzen, wird über kurz oder lang zum Politikum, nicht so sehr weil man gegen das Fliegen ist, sondern ganz einfach, weil in dicht besiedelten Gebieten Flughäfen zu viel Lärm und Umweltverschmutzung generieren und wertvollen Platz für andere, lukrativere Aktivitäten wegnehmen.

Resilienz

Mobilität ist ein Grundbedürfnis, und manche meinen sogar ein Menschenrecht. Die EU meint, dass die Mobilität der EU-Bürger nicht verhandelbar ist, sozusagen ein Grundwert Europas. Ich denke, das ist in der Schweiz nicht anders. Noch mehr als die Personenmobilität ist der Gütertransport eine Bedingung für das Funktionieren von Wirtschaft und Gesellschaft. Auch in COVID-Zeiten wurde alles daran gesetzt, die Versorgung mit (essenziellen) Gütern sicherzustellen, wohingegen die Personenmobilität stark eingeschränkt wurde. Mobilitätssysteme für Güter und Personen müssen also so ausgestaltet sein, dass sie Schocks widerstehen können. Die EU hat versucht, aus COVID Lehren für die Resilienz des europäischen Transportsystems zu ziehen und empfiehlt ein resilienteres Mobilitätssystem, das verschiedene Transportmodi kombiniert.[3] Wiederum kann die Digitalisierung helfen, indem während Krisenzeiten rasch Alternativen angeboten werden können. Auch hier gilt: je mehr Transportoptionen existieren, je besser diese miteinander verbunden sind, desto resilienter das Gesamtsystem, sowohl für die Personen wie auch für die Güter.

Urbane Infrastruktursysteme

Generell gilt: Je dichter besiedelt ein Territorium, je wichtiger die Dekarbonisierung und je verbreiteter die Digitalisierung, desto integrierter müssen und können die Infrastruktursysteme geplant, gebaut, betrieben, unterhalten und reguliert werden. Ich habe bis jetzt diese systemische Angehensweise an den Beispielen der Energie und der Mobilität durchgespielt. Im folgenden Teil möchte ich aufzeigen, wie das Energieversorgungs- und das Mobilitätssystem mit den weiteren vor allem lokalen Infrastrukturen – wie Wasser und Abwasser, Abfallverwertung, aber auch Gebäudebewirtschaftung – zu einem einzigen urbanen Infrastruktursystem zusammenwachsen können, um so effizienter, nachhaltiger und resilienter zu werden.

3 *Ein Notfallplan für den Verkehr*. COM (2022) 211 final.

Effizienz

Effizienz ist die Grundidee der sogenannten industriellen Ökologie, was heisst, der Abfall des einen ist der Input des anderen. Abfälle, Abwärme, Abwasser usw. werden nicht mehr einfach entsorgt, sondern werden recycelt, zu Bau- oder Strassenbaumaterialien verarbeitet oder verbrannt und damit in Wärme und/oder Elektrizität umgewandelt. Das geht natürlich nie ohne Reibungsverluste, da das Zweite Entropiegesetz immer Anwendung findet. Und diese Tatsache führt uns direkt zur Effizienz: Ziel ist es also, urbane Infrastruktursysteme effizient – das heisst, mit so wenig Reibungsverlusten wie nur möglich – zu betreiben, was bedingt, dass man sie auch entsprechend plant, baut und reguliert.

Ich habe oben bereits von effizienteren Energieversorgung- und Mobilitätssystemen, wenn auch getrennt, gesprochen. Aber man kann weiter gehen, zum Beispiel das Energieversorgungssystem mit dem Mobilitätssystem koppeln: Die Schiene ist in der Schweiz bereits elektrifiziert, da unsere Vorväter weitsichtig waren und uns bereits während des Ersten Weltkriegs von der Kohleimportabhängigkeit befreien wollten. Aber der ÖV mit Bussen (Postauto usw.) ist es bis jetzt nur teilweise. Statt Dieselbussen könnten Elektrobusse, die an den Bahnhöfen, wie sie ja sowieso auf den Anschluss warten, mit Bahnstrom (oder normalem Strom vom lokalen Elektrizitätsversorger) geladen werden. Von der EU wurde die Idee von Strassenkorridoren mit Oberleitung in die Welt gesetzt: Lastwagen fahren dort wie Oberleitungsbusse. Oder auch batteriebetriebene Autos, die im Parking oder zu Hause geladen werden und je nach Bedarf wieder ins Netz speisen können, was aber eher eine Resilienzmassnahme ist.

Die Verkoppelung von Gebäuden und besser noch von ganzen Quartieren mit dem Energieversorgungssystem ist ein weiteres Beispiel, nämlich durch Einspeisung von auf den Dächern oder Wänden produziertem Solarstrom ins Netz. Und natürlich warmes Wasser direkt von den Solarpanels. Und ökologische Kühlung der Gebäude dank «grüner oder auch blauer Infrastrukturen» (siehe unten). Mit weniger und effizienter eingesetzten Autos wird auch Fläche frei, die wiederum bebaut, begrünt oder für sanfte Mobilität gebraucht werden kann. Technologischer Fortschritt erlaubt, die Strassen und Häuserwände mit Solarfolien zu bepflastern usw.

Je dichter bebaut, desto grösser das Effizienzpotenzial, das aus einer systemischen Angehensweise der urbanen Infrastrukturen herausgeholt werden kann. Aber es braucht mindestens zwei Dinge, damit dieses Effizienzpotenzial auch nur annähernd ausgeschöpft werden kann: Langfristig braucht es Geld und Zeit. Die verschiedenen Infrastrukturen – Strassen, Häuser, Ladestationen, Mobility Hubs usw. – müssen entsprechend an solchen Orten geplant und gebaut werden, dass diese Interfaces zwischen den verschiedenen Infrastrukturen auch voll zum Tragen kommen: Umlade- und Umsteigemöglichkeiten dort, wo es am besten ist für das Gesamtsystem; Ladestationen dort, wo sowohl das Transport- als auch das Stromnetz am besten ausgelastet werden; Kehrichtverbrennungsanlagen dort, wo Kehrichtproduktion und Verwertung der resultierenden Energie optimal sind usw.

Aber kurzfristig hat man diese Möglichkeiten nicht, und langfristig hat man vielleicht auch nicht das Geld dafür oder ganz einfach keinen Platz. Kurzfristig kann und muss man die Infrastrukturen, und vor allem die verschiedenen Infrastrukturbetreiber, zuerst einmal besser koordinieren. Und hier bietet sich wiederum die Digitalisierung an: Wenn das Wort Smart City eine Bedeutung hat, dann hier, nämlich bei der bestmöglichen Koordination der verschiedenen Akteure und den technologischen Systemen, die sie betreiben. Das ist zwar immer noch nicht ganz optimal, weil an der physischen Realität kurzfristig kaum etwas geändert werden kann, aber es ist besser als das unkoordinierte Siloverhalten, das heute noch vorherrscht: Das Wasserversorgungsunternehmen optimiert schon heute seine Infrastruktur, genauso wie das Velovermietungsunternehmen, der Facility Manager oder das Kehrichteinsammlungsunternehmen. Jeder dieser Akteur generiert dafür eigene Daten und Information und bewahrt diese nach eigenen technischen Standards auf. Auch wenn diese Unternehmen ihre Daten noch teilen möchten (was sie meistens nicht wollen, aus Angst, plattformisiert zu werden), können sie das gar nicht. Es braucht also Policies, Anreize und entsprechende Regulatorien.

Nachhaltigkeit

Aber wie schon oben bei den Energie- und Transportsystemen argumentiert, ist Effizienz zwar gut, löst aber das Nachhaltigkeitsproblem nicht. Nachhaltigere urbane Infrastruktursysteme müssen weiter gehen: Nicht nur Strom- und Energieverbrauch sowie die Mobilität müssen mittel- und langfristig reduziert werden, sondern ebenfalls der Wasserverbrauch, der Platzverbrauch, die Produktion von Müll usw. Bevor solche Reduktionen die Lebensqualität tangieren, gibt es sicher noch einen grossen Spielraum. Digitalisierung kann wiederum helfen, indem zum Beispiel dank Sensoren die Lichter nur dann angehen, wenn auch jemand im Büro ist, und die Heizung gedrosselt wird, wenn niemand da ist. Fahrzeuge, die zu drei Viertel leer herumfahren, gibt es jede Menge. Lecke Wasserleitungen oder Wasserhähne, die nicht abgestellt werden, Autos, die mit laufendem Motor vor der Ampel stehen und zum Warten gezwungen sind, obwohl es gar keinen Verkehr hat usw. Oder noch viel einfacher: Ein digitales Management der Aufzüge, die nicht in jedem Stock anhalten müssen, sondern die Leute in den Lift reinschickt, der sie in den Stock fährt, wo die anderen auch hinmüssen. Das ist nicht nur schneller, sondern braucht auch weniger Strom. Insgesamt ein riesiges Nachhaltigkeitspotenzial, das nicht ausgeschöpft wird, das jedoch dank Smart-City-Technologien in Zukunft besser ausgeschöpft werden kann.

Resilienz

Und Smart-City-Technologien können ebenfalls zur Resilienz der urbanen Infrastruktursysteme beitragen: Ein digitalisiertes und dezentralisiertes Elektrizitätsversorgungssystem kann besser auf Schocks reagieren und Teilsysteme automatisch abschalten, um Blackouts des Gesamtsystems zu verhindern. Das Gleiche gilt bei Wassermangel. Digitalisierte Verkehrsleitsysteme können praktisch in Echtzeit die Verkehrsströme steuern und damit das urbane Verkehrssystem resilienter machen. Ganz abgesehen davon, dass dank Digitalisierung Krisensituationen – Erdbeben, Hurrikane, Hitzewellen, Stürme, Regen usw. – besser gemanagt werden können.

Aber urbane Systeme können auch dank einer weiteren, bis jetzt nicht angesprochenen Infrastruktur resilienter (und nachhaltiger) gemacht werden, nämlich dank der sogenannten grünen und manchmal auch blauen Infrastrukturen. Ich meine hiermit das explizite Schaffen von grünen (Bäume, Grünflachen) und blauen (Wasser) Korridoren, Parks, «pocket parks», vegetalisierte Dächer, Häuserfassaden usw. Ich bin der Meinung, dass bei einer systemischen Angehensweise der urbanen Infrastrukturen solche grüne und blaue Elemente in Zukunft aktiver einbezogen werden müssen. Und es handelt sich dabei klar um Infrastrukturen, denn diese müssen ebenfalls geplant, finanziert, gebaut (gepflanzt), reguliert und vor allem unterhalten werden, genau wie die anderen Infrastrukturen auch. Diese grünen und blauen Infrastrukturen tragen nicht nur zur Resilienz eines urbanen Systems bei, indem sie zum Beispiel Sturmwasser absorbieren und so verhindern, dass Keller, Strassen oder ganze Quartiere überschwemmt werden. Sie tragen auch zur Nachhaltigkeit bei, indem sie zum Beispiel die Temperatur ausgleichen und die Aufwärmung («heat island effect») abschwächen, oder eben auch zur Effizienz, indem sie zum Beispiel Kühlungskosten reduzieren, von den positiven sozialen Effekten ganz zu schweigen. Ich werde im nächsten Kapitel nochmals auf diese neue Art von Infrastrukturen zurückkommen.

Schlussbemerkungen

In diesem Kapitel habe ich aufgezeigt, wieso als Antwort auf die neuen Rahmenbedingungen eine systemischere Angehensweise der Infrastrukturen nicht nur angemessener, sondern auch notwendig ist. Ich habe dies konkret an den Beispielen des Energieversorgungssystems, des Mobilitätssystems und dann pauschal eines urbanen Infrastruktursystems illustriert. Dies sollte man natürlich noch verfeinern und die verschiedenen in Zukunft relevanten Infrastruktursysteme präziser herauskristallisieren. Ich werde das im Detail in Kapitel 5 tun und dort neben dem Energieversorungssystem zwei Mobilitätssysteme – eines für Personen und eines für Güter – unterscheiden. Zudem werde ich dort das urbane (dezentrale) Ressourcenbewirtschaftungssystem präziser definieren.

Aber dieses Kapitel war vor allem konzeptioneller Natur und die Argumentation, warum es eine systemischere Angehensweise der Infrastrukturen braucht, war relativ theoretisch – auch wenn meine Inspiration ursprünglich aus der Praxis stammt und ich auch viele konkrete Beispiele zur Illustration anführte. Im nächsten Kapitel werde ich deshalb aufzeigen, dass dies nicht nur eine intellektuelle Übung ist und dass hinter dieser systemischen Angehensweise der Infrastrukturen ganz konkrete Technologien stecken, nämlich Technologien, die gerade an der Schnittstelle der traditionellen Infrastrukturen zur Anwendung kommen und so deren Konvergenz und deren Integration aktiv fördern.

Kapitel 4

Von den traditionellen zu den Systeminfrastrukturen

Im ersten Kapitel habe ich aufgezeigt, wie sich die Infrastrukturen in der Schweiz historisch und sektoriell entwickelt haben und langsam, aber sicher an ihre Grenzen kommen. Im zweiten Kapitel habe ich die neuen Rahmenbedingungen der Infrastrukturen präzisiert. Im vorhergehenden Kapitel habe ich argumentiert, wieso und wie diese neuen Rahmenbedingungen nach einer systemischeren Angehensweise rufen. In diesem Kapitel geht es nun darum aufzuzeigen, welche traditionellen Infrastrukturen aus dieser systemischeren Angehensweise weiterhin notwendig sind (und eventuell weiter ausgebaut werden müssen) und welche neu gefördert werden sollen. Manche dieser Ideen gehören zugegebenermassen in einen visionären Bereich. Ich beschränke mich hier auf die erste Infrastrukturschicht, das heisst die über und unter dem Boden verbauten physischen Infrastrukturen im allgemeinen öffentlichen Interesse.

Ich gehe dabei in drei Schritten vor: In einem ersten Schritt komme ich auf die traditionellen sektorspezifischen Infrastrukturen zurück, so wie ich sie im ersten Kapitel beschrieben habe (die Strassen, die Schienen, das Übertragungsnetz usw.). Diese (Silo-)Infrastrukturen von nationalem Interesse – gut ausgebaut und generell in gutem Zustand, wie wir gesehen haben – sind natürlich immer noch da, und sie werden auch weiterhin gebraucht werden. Allerdings kommt ihr weiterer Ausbau vor allem angesichts des Platzmangels an seine Grenzen. Aber auch das lineare Fortschreiben dieser Silo-Angehensweise kommt an seine Grenzen, weil es in Zukunft eine viel systemischere Angehensweise braucht. In diesem ersten Teil werde ich deshalb aufzeigen, ob und wo genau diese traditionellen sektorspezifischen Infrastrukturen trotzdem noch punktuell weiter ausgebaut werden müssen und wie dieser Ausbau allenfalls finanziert werden kann.

In einem zweiten Teil werde ich dann aufzeigen, welche neuen Infrastrukturen gerade an den Schnittstellen der traditionellen Sektoren entstehen und gebaut werden müssen, dadurch die Grenzen der sektorspezifischen Infrastrukturen allmählich aufweichen können und somit eine gewisse Konvergenz der Infrastrukturen gefördert werden kann. In diesem Teil werden wir also sehen, wie auch auf technologischer (und nicht nur auf theoretischer) Ebene neue Infrastruktursysteme entstehen. Ich nenne diese *Schnittstelleninfrastrukturen, Konvergenzinfrastrukturen* oder *Verlinkungsinfrastrukturen,* also zum Beispiel Infrastrukturen, die nicht nur einfach mehr Strassenverkehr produzieren, sondern ein (effizientes, nachhaltiges und resilientes) Mobilitätssystem fördern.

In einem dritten Teil geht es um Systeminfrastrukturen als solche, also Infrastrukturen, die nicht nur die Silo-Infrastrukturen miteinander verbinden, sondern selbst eine neue, das Ganze überlagernde Schicht an Infrastrukturen darstellen. Dieser dritte Teil wird deshalb vor allem den neuen und notwendigen *digitalen Infrastrukturen* der Schweiz gewidmet sein. Diese entstehen quasi von selbst, sind aber, so meine ich, ebenfalls teilweise im allgemeinen öffentlichen Interesse, sodass die öffentliche Hand die Regeln und Regulierungen (vorausschauend und aktiv) so gestalten muss, dass diese neue digitale Infrastrukturschicht letztlich dem Gemeinwohl und nicht den kalifornischen Investoren zugutekommt.

Die nachfolgende Grafik 3 fasst diese drei Schritte der Infrastrukturentwicklung vor dem Hintergrund der nun notwendigen neuen Infrastruktursysteme zusammen. Sie enthält aber noch eine weitere Dimension, die zwar keine Infrastruktur, jedoch eine Rahmenbedingung für die erfolgreiche Entwicklung der Infrastrukturen darstellt. Ich meine damit die Ressourcen, die die Infrastrukturen für ihre Entwicklung brauchen, also zum Beispiel der Luftraum für die Luftstrassen, das Wasser für die Wasserversorgung, der Boden für die Transportwege usw. Diese Ressourcen, auch wenn sie keine Infrastrukturen darstellen, sind ebenfalls im allgemeinen öffentlichen Interesse, auch wenn ich sie in diesem Buch nicht explizit behandle.

Grafik 3: Weiterentwicklung der Infrastrukturen

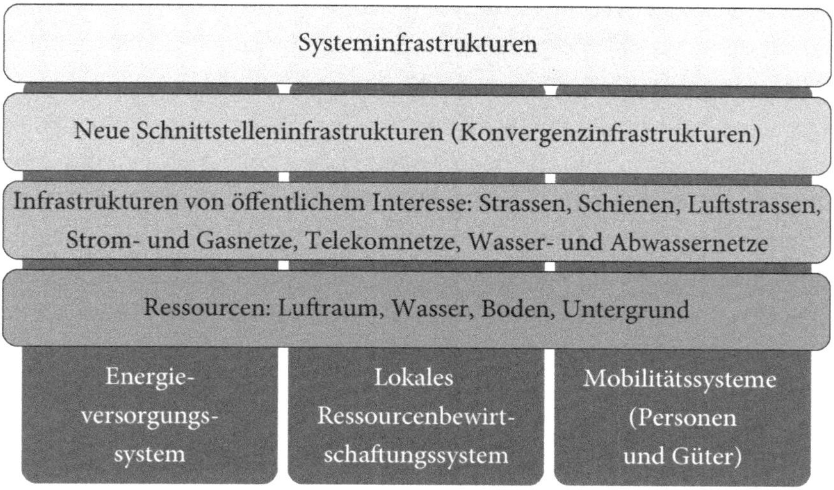

Quelle: Autor

(Silo-)Infrastrukturen im allgemeinen öffentlichen Interesse

Welche Infrastrukturen genau im öffentlichen Interesse – laut EU im *allgemeinen öffentlichen Interesse* – sind, hängt von vielen Faktoren ab und die Diskussion darüber ist oft kontrovers. Vor der Liberalisierung war das öffentliche Interesse, zumindest in Europa, mit Staatseigentum gleichgesetzt (siehe Kapitel 1). So war zum Beispiel die Post und was immer sie tat im öffentlichen Interesse. Nach der Liberalisierung genügte das Argument des Eigentums nicht mehr und es brauchte (und braucht immer noch) eine politische Argumentation, also ein Policy-Ziel (und letztlich eine gesetzliche Grundlage), wieso etwas im öffentlichen Interesse ist oder nicht. Generell wurde (und wird immer noch) davon ausgegangen, dass die monopolistischen Infrastrukturen im öffentlichen Interesse sind, jedoch die Dienstleistungen, die dank dieser Infrastrukturen erbracht werden, es nicht mehr automatisch sind, da sie im Prinzip vom Markt erbracht werden können. Das öffentliche Interesse wird seit der Liberalisierung mit Marktversagen begründet. Wenn es bei den infrastrukturbasierten Dienstleistungen ein Marktversagen gibt, dann braucht es einen sogenannten Grundversorgungsauftrag. Dieser kann sowohl von privaten als auch von öffentlichen Unternehmen erbracht werden. Als Resultat, und um bei diesem Beispiel zu bleiben, hat die Post nun einen von der Politik definierten Grundversorgungsauftrag: Sie ist also nicht mehr ein (Infrastruktur-)Unternehmen im öffentlichen Interesse, sondern erbringt jetzt lediglich gewisse ihrer Dienstleistungen im öffentlichen Interesse. Grundversorgungsaufträge (im öffentlichen Interesse) werden typischerweise auf nationaler Ebene definiert, aber es sind im Prinzip ebenfalls Grundversorgungsaufträge auf untergeordneten Staatsebenen denkbar (Kantone, Städte, Gemeinden oder Metropolitanräume und Agglomerationen), solange sie den Markt nicht verzerren. Mehr dazu in Kapitel 5 zum Thema Gouvernanz.

Ich werde nun diejenigen (Silo-)Infrastrukturen präsentieren, die immer noch auf die neuen Rahmenbedingungen (der Verdichtung, der Europäisierung, der Dekarbonisierung und der Digitalisierung; siehe Kapitel 2) antworten.[4] Meine Definition geht deshalb über die traditionellen nationalen Infrastrukturen – Stromnetze, Strassen, Schienen, Luftstrassen und Telekominfrastrukturen – hinaus und ich werde hier ebenfalls dezentrale Infrastrukturen, nämlich die Infrastrukturen der dezentralen Ressourcenbewirtschaftung (Wasser, Abwasser, Abfallverwertung, grüne Infrastrukturen) sowie Infrastrukturen der urbanen Mobilität erwähnen. Ich meine, dass in einer Metropolitanregion wie der Schweiz auch diese Infrastrukturen im allgemeinen – das heisst nationalen – öffentlichen Interesse sind, auch wenn sie lokal bewirtschaftet werden. Ich werde dabei jeweils die

---

4 Aus diesem Grund werde ich hier die nationale Gasinfrastruktur nicht weiter diskutieren, auch wenn ich der Meinung bin, dass Gas vorläufig eine notwendige Energiequelle sein wird. Auch das «Postnetz» wird hier nicht erwähnt, denn es handelt sich dabei nicht um ein Infrastrukturnetz im eigentlichen Sinn, sondern um einen (indirekten) Grundversorgungsauftrag. Ich werde aber im nächsten Kapitel zur Gouvernanz sowohl auf Gas wie auch auf die Post zurückkommen, denn beide sind Teil der neuen Infrastruktursysteme.

Infrastrukturen beschreiben und insbesondere diskutieren, ob und wie sie allenfalls weiter ausgebaut werden sollen und wie dieser Ausbau zu finanzieren wäre.

Hochspannungs-/Übertragungsnetz

Ich fange mit dem Hochspannungs- oder Übertragungsnetz (380 kV und teilweise 220 kV) an, denn dieses ist zweifelsohne im Zentrum des öffentlichen Interesses der Metropolitanregion Schweiz. Man müsste natürlich ebenfalls die Verteilnetze einbeziehen, denn am Schluss muss der Strom ja zu den Endkunden gelangen. Aber das Übertragungsnetz ist der *Strom-Backbone* des Lands und somit im Zentrum der Stromversorgungssicherheit. Das war aber nicht immer so: Vor 2013 bestand dieses Hochspannungsnetz aus 50 Abschnitten, die grössten davon im Besitz der Überlandwerke (ATEL, BKW, CKW, EGL, EOS und NOK), die ihrerseits den Kantonen gehörten (und immer noch gehören) und sich selbst koordinierten. Mit dem epochalen Blackout (schweizerischen Ursprungs in Italien) von 2003 verlor jedoch die EU ihre Geduld mit dieser Selbstkoordination, und so einigten sich die Überlandwerke auf die Schaffung der nationalen Netzgesellschaft Swissgrid, die zwar immer noch den Überlandwerken gehörte (und immer noch gehört), aber ab 2013 (endlich) selbst für den Netzausbau verantwortlich war. Swissgrid machte sich seinerseits an die Arbeit und präsentierte im Jahr 2015 einen ausführlichen *Bericht zum strategischen Netz 2025*.

Darin wurden 14 Projekte identifiziert, die zum Zweck der gesamten schweizerischen Netzstabilität (auch genannt «N-1-Sicherheit»), mit anderen Worten der Resilienz der Infrastruktur, rasch ausgebaut werden sollten. Kosten etwa 2,5 Milliarden CHF. Die Netzinfrastruktur stammt aus den 1960er-Jahren und war auf die Bedürfnisse der damaligen grossen Überlandwerke ausgerichtet, die zwar zusammenarbeiteten, aber nicht immer die Interessen des Lands vor Augen hatten. Diese Projekte werden seither schrittweise abgearbeitet, was mit grossen Schwierigkeiten verbunden ist und dazu führt, dass im Durchschnitt der Bau einer Stromleitung etwa 15 Jahre dauert (noch nicht fertig). Mit anderen Worten, das Problem beim Netzausbau ist nicht die Finanzierung – denn die entsprechenden Kosten werden via Netznutzungstarife den Konsumenten angerechnet –, sondern es sind die langwierigen Bewilligungsverfahren.

Ein weiterer substanzieller Beitrag zur Stromversorgungssicherheit des Lands wäre die Verlinkung des Hochspannungsnetzes der Swissgrid (50 Hz) mit dem Bahnstromnetz der SBB (16,7 Hz), das unabhängig vom Swissgrid-Netz betrieben und alimentiert wird. Diese Verlinkung würde aber substanzielle Investitionen bedingen. Die Wichtigkeit beider Netze und deren Verlinkung wurde 2007 vom UVEK erkannt, dann aber wieder fallengelassen. Ich meine, dass diese Idee rasch wieder aufgenommen werden sollte, wobei vor allem die Frage der Finanzierung der notwendigen Verlinkungsinfrastrukturen gelöst werden müsste.

Aber bis all dies gebaut ist, bleibt und kommt das Schweizer Hochspannungsnetz, das heisst die Netzstabilität, zunehmend unter Druck. Der Druck stammt in erster Linie von einem fehlenden Stromabkommen mit der EU, da wir nicht mehr in die Koordinationsmechanismen der europäischen Stromflüsse eingebunden sind und so Swissgrid immer mehr und immer grösseren ungeplanten sogenannten Ringflüssen durch die Schweiz standhalten muss. Das ist teuer, gefährdet die Netzstabilität und auch die Versorgungssicherheit des Lands, da dadurch die Importkapazitäten reduziert werden. Dieses Netzproblem liesse sich mit einem Stromabkommen mit der EU grösstenteils lösen (siehe ebenfalls Kapitel 2).

Dazu kommt ein weiteres, ebenfalls selbst verschuldetes Problem: Die Schweiz ist seit etwa 2015 ein Nettoimporteur von europäischem Strom und insbesondere im Winter und Frühling auf Importe angewiesen. Sowohl Swissgrid als auch die ElCom weisen seit 2015 darauf hin. Das war in der Vergangenheit weniger problematisch, denn wir waren die Stromdrehscheibe Europas. Aber mit dem Ausschluss aus der Marktkoppelung mit der EU und der EU-weiten Strommangellage wird die Lage dramatisch. Und die Lebensnotwendigkeit von Importen wird noch zunehmen, nämlich wenn die KKW schrittweise abgeschaltet werden und wenn die Elektrifizierung des Transports und der Gebäudeheizungen zu greifen beginnt. Denn der Zubau von neuen Produktionskapazitäten findet nur in homöopathischen Dosen statt und die dezentralen EVU schauen vor allem für sich selber. Das ist aber in erster Linie ein Stromproduktionsproblem und erst in zweiter Linie ein Netzproblem. Ich werde im nächsten Kapitel zur Gouvernanz nochmals darauf zurückkommen. Klar ist, dass bei zunehmendem Stromkonsum und veränderten Produktionsstätten auch wieder ins Netz investiert werden muss, aber das lässt sich planen und über die Netznutzungsentgelte leicht finanzieren.

Nationalstrassennetz

Das Nationalstrassennetz ist zweifelsohne auch in der Zukunft eine Infrastruktur im öffentlichen Interesse und als solche einer der beiden Backbones der Mobilität (neben der Schiene). Es wurde in den 1960er-Jahren geplant und dann etappenweise (fast fertig) gebaut. Heute umfasst das Nationalstrassennetz die Autobahnen sowie ehemalige Autostrassen und Hauptstrassen, die 2017 per Volksabstimmung in die Zuständigkeit (Finanzierung, Betrieb, Unterhalt und Ausbau) des Bunds übertragen wurden (insgesamt über 2000 Kilometer). Das Ganze wird via einen sogenannten Nationalstrassen- und Agglomerationsverkehrsfonds (NAF) finanziert, der seinerseits vorwiegend aus dem Mineralölsteuerzuschlag auf Treibstoffen alimentiert wird.

Alle sind sich einig, dass dieses Nationalstrassennetz gut unterhalten ist und weitergeführt werden soll. Kontroversen entstehen dann, wenn es um dessen weiteren Ausbau geht. Einerseits wurde das Netz in den 1960er-Jahren für viel weniger Verkehr als heute geplant. Es ist chronisch überlastet, was zu Staus, Zeitverlust, Verschmutzung usw. führt. Es ist deshalb logisch, das Netz zumindest punktuell auszubauen, so wie das der Bundesrat neulich vorschlägt, nämlich zur Entlastung der Städte. Der Durchgangsverkehr soll auf die Nationalstrassen, um so in den Agglomerationen Platz zu schaffen für den ÖV und den Langsamverkehr, und das ist auch richtig so. Umgekehrt ist es eben auch so, dass man mehr Verkehr ernten wird, wenn man Autobahninfrastruktur säht. Wie lange kann diese Spirale angesichts des Platzmangels einerseits und des Klimawandels andererseits noch weitergedreht werden?

Gewisse Leute meinen, dass die grösste Herausforderung der Nationalstrasseninfrastruktur deren zukünftige Finanzierung sei, denn die Elektrifizierung des Personenverkehrs werde zum Wegfall des Mineralölsteuerzuschlags führen. Ich wage dieser Meinung zu widersprechen, denn aus meiner

Sicht braucht es bei der individuellen Automobilität dringend einen Paradigmenwechsel: Schon heute ist der PKW in den Grossstädten der Welt als *das* zentrale Problem anerkannt und aus meiner Sicht ein Auslaufmodell: Der PKW, auch der elektrisch angetriebene, ist wahrscheinlich das ineffizienteste Fortbewegungsmittel überhaupt, ganz abgesehen davon, dass wir den Platz für den weiteren Ausbau des Individualverkehrs nicht haben und einen Teil der Strassen, die wir schon haben, für anderes (Gütertransport, ÖV, sanfte Mobilität, grüne und blaue Infrastrukturen) brauchen werden. Je schneller wir diesen Paradigmenwechsel in unseren Köpfen schaffen, desto rascher können wir uns an die Arbeit machen. Und das würde etwa so aussehen: Die Schweiz, als Metropolitanregion, setzt sich zum Ziel, der Bevölkerung ein integriertes Mobilitätssystem (siehe Kapitel 3 und 5) zur Verfügung zu stellen, dank dem man sich 24/7 von A nach B bewegen kann, ohne ein Auto besitzen zu müssen. Man kann die letzte Meile durchaus im Auto fahren, aber das ist dann vielleicht ein Taxi, ein Uber, ein Mobility, ein Rufbus oder ein autonomer Shuttle. Ein Teil der Finanzierung dieser Vision käme von einer Steuer auf der digitalen Plattform oder denjenigen digitalen Plattformen, die diese integrierte Mobilität anbieten, eventuell abgestuft: je integrierter und umfassender das Angebot, desto kleiner die Steuer.

Was hiesse das für das Nationalstrassennetz? Dieses wird es immer noch brauchen, aber nicht mehr für den privaten Personenverkehr, sondern sowohl für den kollektiven Personentransport als auch für den Gütertransport. Auch dieser muss natürlich elektrifiziert werden, zum Beispiel indem man die heutigen Raststätten zu Ladestationen (und zu Umladestationen für die Güter) umfunktioniert. Finanziert wird das Ganze über eine Maut auf dem Güterverkehr. Dazu braucht es ein Logistikkonzept und eine entsprechende Gütermobilitätsinfrastruktur für die Metropolitanregion Schweiz, das Strasse und Schiene integriert (siehe Kapitel 5).

Fernverkehrsnetz

Eine so klare Definition wie bei den Nationalstrassen gibt es für den Backbone des Schienennetzes nicht. Meistens spricht man nicht von Infrastruktur der Schiene, sondern von den Zügen, und so entstehen Konzepte wie

Fernverkehr, Inter-City-Verkehr oder nicht subventionierter Verkehr. Das Schienennetz von nationaler Bedeutung wäre dann dasjenige, auf dem der Fernverkehr fährt und für das die SBB bis 2029 eine sogenannte Fernverkehrskonzession hat.[5] Eine entsprechende Definition gibt es für den Güterverkehr nicht. Bei diesem müsste man aber mindestens den Schweizer Teil des alpenquerenden Güterverkehrskorridors No. 1 (Rotterdam–Genua oder Rhein-Alpen-Korridor) einrechnen, der via Gotthard und via Lötschberg führt und auf dem die Verkehrsverlagerung schon sehr weit fortgeschritten ist. Die Infrastruktur der Lötschberglinie gehört aber mehrheitlich dem Bund sowie der BLS AG und dem Kanton Bern.

Diese Bahninfrastruktur ist, insbesondere dank der 2014 vom Volk angenommenen FABI-Vorlage (Finanzierung und Ausbau der Bahninfrastruktur), die einen sogenannten Bahninfrastrukturfonds (BIF) institutionalisiert, nachhaltig finanziert. Dieser bezahlt Ausbau und Unterhalt der Bahninfrastruktur und wird seinerseits von der leistungsabhängigen Schwerverkehrsabgabe (LSVA; 1994 vom Volk angenommen), der Mehrwertsteuer, der Mineralölsteuer und allgemeinen Bundesmitteln alimentiert. Der Unterhalt der Infrastruktur wird durch eine vierjährige Leistungsvereinbarung zwischen Bundesrat und SBB zu etwa 50 Prozent finanziert; der Rest stammt von den Trassengebühren.

Im neulich publizierten Bericht *Perspektive Bahn 2050* scheinen sich Bundesamt und SBB einig darüber zu sein, dass von nun an *die intensive Nutzung des bestehenden Netzes Vorrang vor weiteren Infrastrukturausbauten* haben soll. In der Tat sind die grossen Bahninfrastrukturprojekte (NEAT, Bahn 2000, HGV-Anschluss, ZEB, 4-Meter-Korridor und STEP 2025) gebaut. Zur Erinnerung: 2019 hatte das Parlament nochmals einen Bahninfrastrukturausbau von 13 Milliarden CHF bewilligt (STEP 2035), aber es handelt sich

---

5 Die SBB betreibt den überwiegenden Teil des Fernverkehrsnetzes selbst. Die BLS betreibt im Rahmen der SBB-Konzession die Linien Bern–Biel, Bern–Burgdorf–Olten und Bern–Neuenburg–La Chaux-de-Fonds. Die SOB fährt im Auftrag der SBB über die Gotthard-Bergstrecke sowie von Chur über Zürich nach Bern. Medienmitteilung des BAV, 2019.

dabei um 65 verschiedene kleinere Projekte, die vor allem dem Kapazitätsausbau dienen. Generell unterstützen sowohl das Parlament wie auch die Bevölkerung den weiteren Ausbau der Bahninfrastruktur, sodass wir heute ein sehr komfortables und finanziell abgesichertes Fernverkehrsnetz (und Bahninfrastrukturnetz generell) haben. Wie bei den Nationalstrassen ist also nicht die Finanzierung das Problem. Vielmehr sind Nationalstrassen wie Fernverkehrsnetze sehr stark ausgelastet, was es schwierig macht, Reparaturarbeiten *am fahrenden Zug* zu tätigen, was natürlich die Verlässlichkeit (und die Pünktlichkeit bei den Zügen) beeinträchtigt; beide Netze arbeiten an den Grenzen der Resilienz.

Der Bericht *Perspektive Bahn 2050* schreibt die heutigen Trends weiter und darum sind auch die Herausforderungen an den weiteren Infrastrukturausbau nicht sehr gross. Er geht von einer Verkehrsverlagerung von nur 3 Prozent bis 2050 für den Personenverkehr und von fast keiner Zunahme beim Güterverkehr aus. Der Modalsplit (Strasse versus ÖV/Schiene) würde somit 2050 immer noch nur 24 Prozent beim Personen- und noch weniger beim inländischen Güterverkehr betragen. Das ist aus meiner Sicht nicht sehr visionär, zumindest nicht für den Personenverkehr. Eine viel aggressivere Verlagerungspolitik (Güterverkehr) und eine viel integriertere Mobilitätspolitik (Personenverkehr) sind meiner Meinung nach vonnöten. Das braucht nicht notwendigerweise alles auf der Schiene zu enden und einen massiven Ausbau der Bahninfrastruktur nach sich zu ziehen (siehe auch Kapitel 5 «Personen- und Gütermobilitätssysteme»). Trotzdem wird, meine ich, der Backbone des Schienennetzes sowohl beim Personen- wie auch beim Gütertransport eine noch wichtigere Rolle als bis heute einnehmen müssen: Dies wird notwendigerweise weitere Investitionen vor allem in Bahnhöfen (Stichwort *zweistöckige Bahnhöfe* sowie unten *Mobility Hubs*) nach sich ziehen. Daneben gibt es den alpenquerenden Güterverkehr, der, wie wir oben gesehen haben, unter dem Druck der EU weiter ausgebaut werden muss und sicher wird, insbesondere dort, wo der Rhein-Alpen-Korridor das Fernverkehrsnetz kreuzt (Basel, Olten, Bern, Luzern usw.).

Zum Abschluss noch ein kritisches Wort zum *Sorgenkind,* dem inländischen Güterverkehr auf der Schiene, auch *Wagenladungsverkehr* genannt.

Hier fehlen klar eine Vision und ein Champion, der sich dieser Vision annimmt. Das BAV ist primär ein BÖV, ein Bundesamt für ÖV, das heisst für Personen. Das Schienennetz ist schon mit dem Personenverkehr mehr als voll ausgelastet und die SBB ist mit dem Personenverkehr voll beschäftigt. Der nationale Gütertransport auf der Schiene war nie wirklich ihr *Ding* und musste in der Vergangenheit bereits mehrmals saniert werden. Zudem ist er gegenüber der Strasse nicht konkurrenzfähig, weil vergleichsweise teuer, und vor allem kann er die letzte Meile nicht abdecken – das kann nur die Strasse. Der Strassengüterverkehr ist seinerseits starker Konkurrenz ausgesetzt und kann sich nicht um die Grundversorgung kümmern, wenn sie nicht vom Staat subventioniert wird. Die Post hat ihre Nische bei den Paketen, aber ist selbst ebenfalls sehr stark dem Wettbewerb ausgesetzt. Neulich hat sich das Projekt Cargo Sous-Terrain (CST) mit einer durchaus interessanten Vision für den Gütertransport in der Schweiz bemerkbar gemacht: CST, eine private Initiative, will unterirdisch elektrisch dreispurig unbemannte Logistikeinheiten zwischen Logistikzentren zirkulieren lassen. Das Parlament hat dem Projekt 2021 grünes Licht gegeben. Bis 2031 soll ein Pilot und dann bis 2045 der Vollausbau erfolgen. Das kommt aus meiner Sicht sehr spät und wir werden Lösungen für die Logistikprobleme der Schweiz viel früher brauchen. Zudem liegt die Knacknuss von CST einerseits in der Verlinkung mit der Citylogistik (aber dazu mehr im nächsten Teil) und bei der Finanzierung. Sollte CST eines Tages zu einer mehr oder weniger flächendeckenden unterirdischen Gütertransportinfrastruktur werden, dann wird es, wie bei den anderen Infrastrukturen, einen diskriminierungsfreien (und regulierten) Netzzugang brauchen, was dann bedeutet, dass der Bund CST subventionieren, wenn nicht sogar via einen Staatsbetrieb selbst betreiben muss.

Flugsicherung und Landesflughäfen

Die Infrastruktur im Flugsektor besteht, wie in Kapitel 1 ausgeführt, aus der Flugsicherung einerseits und den drei Landesflughäfen Zürich (ZRH), Genf (GVA) und Basel (BSL) andererseits. Die Flugsicherung ist sozusagen die (virtuelle) Infrastruktur der Luft. Diese ist militärischen Ursprungs und entstand nach dem Ende des Ersten Weltkriegs mit dem Ziel, den Schweizer

Luftraum zu überwachen. Mit dem Wachstum der Zivilluftfahrt während der 1980er-Jahre wurde die zivile Flugsicherung 1988 aus Radio Suisse SA ausgegliedert und in die neue Gesellschaft swisscontrol im Staatsbesitz überführt. 2001 wurden die zivile und die militärische Flugsicherung, weltweit eine Neuigkeit, in Skyguide zusammengeführt, sodass seither der schweizerische Luftraum integriert – zivil und militärisch – bewirtschaftet werden kann, was Effizienzvorteile und natürlich auch mehr Sicherheit mit sich bringt. Skyguide kontrolliert und bewirtschaftet den Schweizer, einen Teil des süddeutschen und einen Teil des östlichen französischen Luftraums (sogenannter delegierter Luftraum) sowie An- und Abflüge in den Landesflughäfen. Zwei Drittel der so überwachten Flüge sind reine Überflüge über die Schweiz. Die Hauptaufgabe der Flugsicherung besteht darin zu gewährleisten, dass die notwendige Sicherheitsdistanz zwischen den Flugzeugen gewährleistet ist, um so die Flieger sicher an ihre Destination zu lotsen. Darum auch das Wort *Fluglotsen;* diese bedienen sich dabei vor allem des Radars und der direkten Kommunikation mit den Piloten. Die Flugsicherungsinfrastruktur ist in der Schweiz sehr gut ausgebaut und die darauf von Skyguide erbrachten Flugsicherungsleistungen von guter Qualität. Diese wird von der EU – dem sogenannten Performance Review Body (PRB) – überwacht. Sowieso wird die Flugsicherung primär nach den technischen Regelungen der EU (EASA) und der UNO (ICAO) betrieben. Skyguide finanziert den Unterhalt und den Betrieb der Flugsicherung gänzlich aus Strecken- und Anfluggebühren, die die Airlines bezahlen, sowie aus einer Leistungsvereinbarung mit dem VBS (für den militärischen Teil der Flugsicherung).

Allerdings kommen auf die Infrastruktur der Flugsicherung in nicht so ferner Zukunft grosse Herausforderungen zu, die nach einer neuen Finanzierungsstruktur rufen: Da ist zuerst der schon in Kapitel 2 erwähnte Single European Sky (SES), von dem zunehmender Druck auf die Flugsicherungstarife von Skyguide kommt. Denn als Hochpreisland sind die Kosten von Skyguide vergleichsweise höher als in den anderen EU-Ländern. Zudem schliessen die Flugsicherungsgebühren keine Margen für notwendige Investitionen in neue Technologien und innovative Lösungen ein. Solche werden aber mit den neuen Herausforderungen der Drohnen, die zunehmend den unteren

Luftraum bevölkern, und der Digitalisierung nötig. Zwar riskiert Skyguide nicht, wie Swissgrid im Elektrizitätssektor, aus dem SES ausgeschlossen zu werden, zu eng ist die Vernetzung mit Europa und zu gross der Goodwill, der der Schweiz von der EU im Flugsektor immer noch entgegengebracht wird. Aber bei einem Verlust der delegierten Lufträume (Frankreich und Deutschland) hätte Skyguide die kritische Masse nicht mehr, um effizient zu operieren. Zudem kann die Hochpreisinsel Schweiz dann noch leichter umflogen werden (zwei Drittel der Flüge). Schliesslich bin nicht nur ich der Meinung, dass der zivile Flugverkehr nicht einfach so weiterwachsen kann und wird, wie dies vor COVID, das heisst zwischen 1990 und 2019 der Fall war. Es ist nämlich sehr gut möglich, dass der Zenit der Flugbewegungen bereits hinter uns liegt und dass vor allem ökologisch bedingte Flugeinschränkungen kommen werden, angefangen in Europa. All dies wirft die Frage nach der Finanzierung der Flugsicherung auf und man muss sich überlegen, ob die Benutzerfinanzierung nachhaltig sein kann. Denkbar wäre zum Beispiel eine Staatsfinanzierung der Flugsicherung für ein verkehrsunabhängiges Grundangebot (Sicherung des schweizerischen Luftraums), kombiniert mit einer Benutzerfinanzierung für benutzerabhängige Dienstleistungen.

Das Wachstum (oder dessen nicht mehr Vorhandensein nach COVID) betrifft ebenfalls die Landesflughäfen und deren nachhaltige Finanzierung. ZRH wurde nach dem Zweiten Weltkrieg etappenweise zum heutigen Stand umgebaut, hat heute drei Pisten und wickelte im Jahr 2019 (vor COVID) über 30 Millionen Passagiere ab. Im Jahr 2000 institutionell neu aufgestellt und als Aktiengesellschaft an die Börse gebracht, ist ZRH sowohl an die Eisenbahn als auch an den ÖV der Stadt Zürich angeschossen. Der Kanton Zürich hält heute ein Drittel der Aktien und die Stadt Zürich weitere 5 Prozent, der Rest ist an der Börse. GVA begann seine Aktivitäten bereits zwischen den zwei Weltkriegen, was auf die internationalen Organisationen und insbesondere den Völkerbund zurückzuführen ist. Mehr als in ZRH hat der Kanton Genf stark in die Entwicklung des Flughafens investiert und tut dies immer noch. Genf hat aber nur eine Piste und bewältigte damit trotzdem 2019 18 Millionen Passagiere. Zudem hat GVA einen überdurchschnittlichen Anteil von Business Aviation. 1994 wurde der Flughafen in ein *öffentliches Unternehmen,*

100 Prozent im Eigentum des Kantons, umgewandelt und ist heute sowohl an die Eisenbahn als auch an den ÖV der Stadt Genf angeschlossen. BSL ist der kleinste und neueste der drei Landesflughäfen mit einer Piste und neun Millionen Passagieren (2019). Er ist gänzlich auf französischem Territorium gebaut, gehört zur Hälfte dem französischen Staat und zur anderen Hälfte dem Kanton Basel-Stadt. BSL ist ebenfalls an den ÖV der Stadt Basel, nicht aber an den Zug angeschlossen.

Alle drei Landesflughäfen sind gut ausgebaut und von guter Qualität. Wegen COVID wurden jedoch viele Projekte und Investitionen eingefroren, denn die Flughäfen finanzieren sich durch Abflug- und Landegebühren (die die Fluggesellschaften bezahlen) sowie durch kommerzielle Aktivitäten. Beide sind benutzerabhängig. Es ist fraglich, ob all diese geplanten Projekte in Zukunft noch realisiert werden können, denn ökologische Wachstumsbeschränkungen werden den drei Landesflughäfen noch mehr zusetzen als den Fluggesellschaften, sind sie doch als *Stadtflughäfen* stark von Flugbeschränkungen (nachts), Lärmauflagen und sonstigen Einsprachen der Anrainer betroffen. Der politische Druck der Verlagerung zumindest der Kurzstreckenflüge wird zunehmen und GVA und BSL stärker treffen als ZRH. Tendenziell werden die Flughäfen, zumindest in Europa, vermehrt auf qualitatives Wachstum setzen müssen, sich in Richtung Mobility Hubs (siehe unten) weiterentwickeln und sich vermehrt in das städtische Infrastruktursystem integrieren müssen, um so gesellschaftliche Akzeptanz zu generieren und einen aktiven Beitrag zur Nachhaltigkeit zu leisten.

Telekom

Generell ist die Schweiz in Bezug auf Telekominfrastruktur gut aufgestellt. Dies ist auch wichtig, denn die (Basis-)Telekominfrastruktur ist heute die Grundlage für die Digitalisierung des Lands (siehe Kapitel 2 und 5). Die Beurteilung der Qualität der Telekominfrastruktur macht man am besten im internationalen Vergleich und betrachtet insbesondere die Abdeckung/Durchdringung sowie die Übertragungsraten (bei der Datenübertragung). Man unterscheidet dabei zwischen Breitband (traditionelle Festnetzinfrastruktur, aber auch Kabel, eine Übertragungsrate von 30 Mbit/s wird heute als

Minimum angesehen), Mobilfunk (von 2G bis 5G) und Fiber, idealerweise bis zum Haushalt (FTTH). Der rasante technologische Fortschritt im Telekomsektor führt, im Unterschied zu den anderen Infrastrukturen, zu Technologiesprüngen – vom Festnetz/Kabel zum Mobilfunk, zu Fiber –, aber auch zu immer grösseren Übertragungskapazitäten innerhalb dieser drei Technologien. Umgekehrt ist es so, dass durch die Weiterentwicklung der Endbenutzungsgeräte (vom Telefon zum Natel zum 5G-Smartphone) und der Digitalisierung (Internet, www, IoT) die Nachfrage nach Telekominfrastrukturen (Abdeckung und Übertragungskapazitäten) exponentiell steigt und so im Prinzip schweiz- wie weltweit genügend Geld für Investitionen in deren Ausbau vorhanden ist.

Im internationalen Vergleich (typischerweise vergleicht man mit den OECD-Ländern) positioniert sich die Schweiz bei der Abdeckung/Durchdringung mit dem traditionellen Festnetz und bei Übertragungsraten von über 30 Mbit/s im Spitzenbereich (94 Prozent), insbesondere auch auf dem *Land*. Das hat mit der Geschichte der Swisscom (damals noch Telekom PTT) und deren Service-public-Ausrichtung als Staatsunternehmen zu tun. Es ist aber auch das Resultat der Verbreitung der Kabelinfrastruktur, eines Konkurrenten (Cablecom, später UPC, heute mit Sunrise fusioniert), den nur wenige historische Anbieter kannten, der aber mit der erfolgreichen Liberalisierung des Sektors stark zur dynamischen Entwicklung des Telekomsektors im Festnetzbereich in der Schweiz beitrug. In Sachen Mobilfunk (für die Digitalisierung werden die Übertragungsraten erst ab 3,5G interessant) muss man die internationale technologische Vorreiterrolle der Schweiz (Telekom PTT) ab 1975 erwähnen, insbesondere mit der Entwicklung des *Nationalen Autotelefonnetzes* (NATEL A, B, C und D). Heute hat die Schweiz eine im EU-Vergleich überdurchschnittliche 4G-Abdeckung von fast 100 Prozent auch auf dem *Land*, was seinerseits den Wettbewerb im Mobilfunkmarkt zurückzuführen ist, und dies obwohl die Swisscom im Mobilfunk im internationalen Vergleich einen sehr grossen Marktanteil (56 Prozent) hat. 2019 wurden in der Schweiz 5G-Mobilfunkfrequenzen vergeben und heute decken, trotz grosser Widerstände, Swisscom und Sunrise bereits über 90 Prozent der Bevölkerung mit 5G ab. Hingegen hapert es immer noch beim Ausbau der Glasfasern in der Schweiz (typische Übertragungsraten sind 1 Gbit/s für Individualkunden und bis zu 100 Gbit/s für Geschäftskunden). Hier ist die Schweiz im EU-Vergleich stark im Hintertreffen, insbesondere im Bereich FTTH (nur etwas über 30 Prozent Abdeckung). Das hat mit der zögerlichen Glasfaserausbaupolitik der Swisscom zu tun, denn sie (und ihr Eigentümer, der Bund) wollte ihre Cashcow, den schon amortisierten Breitbandanschluss, melken beziehungsweise nicht kannibalisieren. Gehandelt hat Swisscom erst, als einige Städte anfingen, selbst Glasfasern zu bauen, denn Glasfasern sind ein entscheidender Wettbewerbsvorteil für Städte im Zeitalter von Homeoffice, Netflix und zoom.

Und der Glasfaserausbau, der zugegebenermassen viel teurer ist als der Mobilfunkausbau, ist heute auch die grösste Herausforderung im Telekomsektor. Es ist deshalb durchaus interessant für Städte und vor allem für ihre Stadtwerke, im Rahmen ihrer Smart-City-Strategien im Glasfaserausbau aktiv zu werden, um dieses Manko zu kompensieren. Weitere Herausforderungen gibt es beim Ausbau des Mobilfunks (5G+) durch Regulatorien (Emissionswerte und Bauvorschriften). Und ein grosses Problem für die Nutzer von Telekomdienstleistungen sind die im internationalen Vergleich stark überhöhten Preise beim Breitbandanschluss *(überhaupt nicht vorteilhaft* laut BAKOM 2019), beim Mobilfunk *(weit über dem Durchschnitt Europas)*, bei den mobilen Daten (*unter den teuersten Ländern der OECD)* und beim internationalen Roaming (sowohl Telefon wie auch Daten), wo Schweizer drei- bis fünfmal mehr bezahlen als die EWR-Bewohner. Diese Preise sind in erster Linie auf die schwache Telekomregulierung in der Schweiz zurückzuführen (siehe Kapitel 5).

Lokale Infrastrukturen von öffentlichem Interesse

Die drei Landesflughäfen sind, wie gesagt, lokale Infrastrukturen von nationalem Interesse. Dies gilt auch für die Wasserversorgung und -entsorgung sowie die Kehrichtentsorgung. Im Unterschied zu den Flughäfen finden jedoch diese lokalen Basisinfrastrukturen weniger nationale politische, administrative und regulatorische Beachtung, da die Kompetenzen dazu in erster Linie bei den Kantonen liegen.

Die Versorgung der Schweiz mit *Trinkwasser* ist gut und gut ausgebaut. 99,9 Prozent der Bevölkerung sind an eine lokale Trinkwasserversorgung angeschlossen und erhalten so ihr Wasser von den Stadt- oder Gemeindewerken durch etwa 90 000 Kilometer Trinkwasserleitungen und 5400 Reservoirs. Die Infrastrukturen der Trinkwasserversorgungen sind aber – ausser bei den neu gebauten Quartieren – generell alt (100 Jahre und mehr) und müssen bald erneuert werden, was mit grossen Kosten verbunden ist, die viele Gemeinden und sogar Städte nicht werden stemmen können. Wasseraufbereitung und vor allem Transport und Pumpen sind zudem ebenfalls sehr energieintensiv. Hier kommen grosse finanzielle Herausforderungen auf die öffentliche Hand zu, die niemand so richtig auf dem Radar hat. Denn es gibt etwa 2500 lokale Wasserversorger, die nur in den grösseren Agglomerationen miteinander vernetzt sind. Dazu kommt die Tatsache, dass das Grundwasser – etwa 40 Prozent des Trinkwassers in der Schweiz stammt aus Grundwasser – zunehmend verschmutzt (sprich kontaminiert oder vergiftet) ist, insbesondere durch Nitrate, Rückstände aus Pflanzenschutzmitteln, Medikamenten- sowie Industrie- und Haushaltrückständen. Dies bringt höhere Kosten bei der Wasseraufbereitung mit sich und verlangt nach immer mehr Technologie, beides Dinge, die sich vor allem kleinere Gemeindewerke nicht mehr leisten können. Wasser hat es im Prinzip vorläufig noch genug in der Schweiz, zumindest für die Trinkwasseraufbereitung, vielleicht weniger für die Landwirtschaft. Zudem nimmt der absolute Wasserkonsum seit den 1980er-Jahren tendenziell ab. Auch stammen neben dem Grundwasser immer noch etwa 40 Prozent des Trinkwassers aus Quellen (weniger kontaminiert und weniger teuer bei der Aufbereitung) und 20 Prozent direkt aus Seen und Flüssen. Wir sind in der Schweiz in der überaus glücklichen Lage, dass rund drei Viertel des Wassers (noch) kaum oder gar nicht behandelt werden müssen. Wie lange noch? In Bern kümmert man sich deshalb, im BAFU, in erster Linie um die Wasserressourcen und nicht um Wasserversorgung. Das ist zwar wichtig, angesichts der Klimaerwärmung und der daraus resultierenden hydrologischen Veränderungen genügt dies aber nicht mehr. Denn auch wenn man die Ressourcen hat, fehlt angesichts der Verstädterung oft der Platz für deren Sammlung und Aufbereitung.

Die etwa 2500 Gemeinde- und Stadtwerke sind bei der Wasserversorgung auf sich selbst gestellt. Sie haben aber weder das Geld noch die Technologie noch das Know-how, um auf die sich abzeichnenden Herausforderungen zu antworten und werden früher oder später auf private Expertise zurückgreifen müssen, wie dies schon in vielen Ländern der Fall ist (siehe Frankreich) – mit entsprechenden finanziellen Konsequenzen für die Benutzer. Diese müssen aber ihr Verhalten in Bezug auf Wasser so oder so ändern: Die Schweizer brauchen im Durchschnitt 142 Liter Wasser pro Tag. Ein Drittel davon geht gleich wieder die Toilette hinunter, notabene Trinkwasser; ein weiteres Viertel wird verduscht, ebenfalls Trinkwasserqualität, ganz zu schweigen vom Autowaschen und Rasensprinkeln. Ich meine aber nicht einfach ein bisschen Verhaltensänderung, sondern eine viel integriertere, viel systemischere und viel verantwortungsvollere Angehensweise des Wasserzyklus – nicht nur zusammen mit der Energie, sondern ebenfalls mit den Gebäuden, den grünen Infrastrukturen und dem Abwasser. Alle diese Infrastrukturen müssen in Zukunft zusammen geplant, gemanagt und reguliert werden, sowohl auf der Ebene der individuellen Villen als auch der Gebäude, der Quartiere, der Städte, der Agglomerationen und der Metropolitanräume.

Die *Abwasserentsorgung* in der Schweiz ist eine Erfolgsstory und als solche das Resultat der Investitionen (etwa 50 Milliarden CHF), die in den letzten 60 Jahren für das Kanalisationsnetz (etwa 40 000–50 000 Kilometer) und die Kläranlagen (etwa 800) getätigt wurden. Waren 1965 nur 14 Prozent der Bevölkerung an das Kanalisationssetz angeschlossen, so ist heute mit 98 Prozent das Potenzial voll ausgeschöpft. Diese Entwicklung der Infrastruktur wurde gesetzgeberisch vor allem mit Gesetzen zum Gewässerschutz gefördert. Finanziell ist die Wasserentsorgung via kostendeckende Gebühren voll finanziert, eine Verantwortung, die den Kantonen obliegt. Allerdings entstehen mit dem wirtschaftlichen Wachstum ständig neue Formen von Mikroverunreinigungen, die es ihrerseits zu eliminieren gilt, will man sie nicht im Trinkwasser wiederfinden. Dies bedingt die Aufrüstung der bestehenden Kläranlagen mit entsprechenden Neuinvestitionen. Auch entstehen durch den Klimawandel neue Herausforderungen wie Sturmfluten, die von den bestehenden Kanalisationen nicht absorbiert werden können und ungereinigt in Bäche und Seen abfliessen und so das Grundwasser verschmutzen. Dies bedingt den Ausbau von neuen Sturmwasserentsorgungsinfrastrukturen, die durch die heutigen Gebühren nicht abgedeckt sind. Schliesslich wäre auch eine bessere Vernetzung der Abwasserentsorgung mit dem Energiesektor nötig, denn die Abwasserreinigung ist energieintensiv und laut BAFU auch nicht sehr energieeffizient. Zudem könnten die ARAs ihrerseits noch mehr in die Energieproduktion eingebunden werden.

Beim Abfall ist die Schweiz ebenfalls an vorderster Front zu finden, aber leider zuerst einmal bei der Generierung von Abfall, denn Abfall korreliert mit dem Lebensstandard. Je reicher das Land und je reicher die Person, desto grösser der Konsum und desto mehr Abfall. Es ist deshalb nicht erstaunlich, dass die Schweiz eines der höchsten Siedlungsabfallaufkommen der Welt hat, nämlich 716 Kilo pro Person und Jahr (Zahlen von 2015). Dabei sind die meisten Konsumgüter importiert und 75 Prozent des Abfalls, der bei deren Produktion anfällt, werden bereits im Ausland (mehr oder weniger) entsorgt und sind in obiger Zahl noch nicht eingerechnet. Aber der weitaus grösste Teil des Abfalls in der Schweiz (84 Prozent) stammt aus der Bautätigkeit (Aushub, Rückbau), die übrigens auch eine der grössten Energieverbraucher ist, einerseits beim Bau der Gebäude und andererseits noch mehr bei deren Betrieb und Unterhalt. An zweiter und dritter Stelle kommen Siedlungsabfälle (7 Prozent) sowie biogene Abfälle (6 Prozent) wie Lebensmittel und Klärschlamm. Beim Recycling steht die Schweiz hingegen im internationalen Vergleich sehr gut da: Aushub- und Rückbaumaterial werden zu etwa drei Vierteln rezykliert, was heisst, dass noch Potenzial besteht. Bei den biogenen Abfällen werden nur etwa 25 Prozent rezykliert; mit anderen Worten, 75 Prozent landen in der Kehrichtverbrennungsanlage (KVA), Trend zunehmend, und deshalb ein noch grösseres Potenzial. Beim Recycling von Glas (96 Prozent), PET (82 Prozent), Aluminium (90 Prozent), Papier (81 Prozent) und Stahl (95 Prozent) – Daten von 2016 – sind wir jedoch im internationalen Vergleich spitze. Von den Sonderabfällen (zum Beispiel Elektronik) werden aber nur etwa 25 Prozent recycelt. Sie landen, wie der Rest der Abfälle, die nicht recycelt werden, in einer der 30 schweizerischen KVA. Diese verbrennen grösstenteils Siedlungsabfälle (80 Prozent), aber auch Bauabfälle, biogene

Abfälle, Klärschlamm und bestimmte Sonderabfälle. Positiv zu bewerten ist, dass alle der 30 KVA damit Strom und zunehmend auch Fernwärme erzeugen. Die grösste Herausforderung bei der Abfallbewirtschaftung in der Schweiz ist nicht die Art und Weise, wie Abfall entsorgt wird (denn wir verbrennen), auch nicht das Recycling – auch wenn hier die Recyclingtechnologie den zunehmend komplexeren Produkten hinterherhinkt. Auch wenn die Abfälle, die letztlich in einer KVA verbrannt werden, in den letzten Jahren nicht mehr signifikant zunehmen, so bleibt das weitaus grösste Problem der Abfallbewirtschaftung in der Schweiz, dass diese (pro Kopf und im internationalen Vergleich) immer noch vergleichsweise viel Abfall produziert.

Neu zu bauende lokale und regionale Infrastrukturen

Wie wir gesehen haben, sind die meisten traditionellen Infrastrukturen in der Schweiz heute gebaut. Das heisst aber nicht, dass man nicht weiterbauen kann oder soll. Insbesondere möchte ich hier noch kurz zwei Arten von Infrastrukturen erwähnen, deren Ausbau ich in Zukunft – vor allem wegen der neuen Rahmenbedingungen der Verdichtung und des Klimawandels – als notwendig erachte, nämlich Infrastrukturen der sanften Mobilität einerseits und grüne (und blaue) Infrastrukturen andererseits. Initiativen dazu kommen von den Städten, aber auch von den Agglomerationen, denn diese Infrastrukturen machen auf deren Ebenen am meisten Sinn.

Mit *sanfter Mobilität* meint man das Zufussgehen, das Rad- und Trottinettfahren, aber auch den lokalen ÖV, den ich hier nicht behandle. Ein Teil dieser sanften Mobilität wird elektrisch betrieben sein (E-Bikes, E-Scooters usw.) und findet in erster Linie in dicht bevölkerten städtischen Gebieten statt. Aber dafür muss zuerst einmal Platz gemacht werden, denn der grösste Teil des für die Mobilität reservierten Platzes besteht heute aus Strassen und Parkings. Diese machen etwa 25 Prozent der Siedlungsfläche einer Stadt oder einer Agglomeration aus. Das ist enorm und sollte eigentlich Raum bieten für ein bisschen sanfte Mobilitätsinfrastruktur. Aber andererseits brauchen 30 bis 45 Prozent der städtischen Bevölkerung (je nach Stadt) noch immer das Auto als Fortbewegungsmittel. Trottoirs gibt es natürlich schon, aber man kann nicht behaupten, dass das Ganze sehr fussgängerfreundlich gebaut worden ist. Was es braucht, sind autofreie Stadtkerne, Fahrradkorridore (sogenannte Radschnellverbindungen), und zwar durchgehend und nicht nur bis zur nächsten Kreuzung. Es braucht ebenfalls getrennte Spuren für Fussgänger, Fahrrad und Trottinett usw. Mittel- und langfristig ist das eine Aufgabe der Stadt-, Agglomerations- und Metropolitanraumplanung, nicht nur der Verkehrsplanung. Aber das dauert alles viel zu lange, und deshalb braucht es auch kurzfristige Massnahmen, insbesondere das Schaffen von Fahrradwegen, oft indem man der Strasse eine Spur wegnimmt, also den Rückbau von Strasseninfrastruktur und Parkings. Dazu kommen verkehrsfreie Innenstädte oder ganz einfach Geschwindigkeitsbeschränkungen. Kurzum, das Auto gehört nicht in die Innenstadt, wo die Mobilitätsbedürfnisse mittel- und langfristig 100 Prozent mit ÖV und sanfter Mobilität abgedeckt werden können. Dafür wird oft auch das Wort der *Verkehrswende* gebraucht. Eng verbunden damit sind die Digitalisierung und die Elektrifizierung der (sanften) Mobilität, die ihrerseits weitere Infrastrukturen, insbesondere Ladestationen, mit sich zieht (dazu mehr unten). Man kann nicht sagen, dass sich die Schweiz bis jetzt als Vorreiterin der sanften Mobilität hervorgetan hat. Es gibt da durchaus bessere Beispiele, von denen man lernen könnte (Kopenhagen, Amsterdam, Holland generell). Dies ist in erster Linie ein Gouvernanzproblem, denn die Kompetenzen sind an verschiedenen Orten und das Geld an anderen. Der Bund kann unterstützend wirken – so zum Beispiel via Agglomerationsprogramme – und tut dies auch. Auch die EU setzt hier Druck auf mit ihren SUMPs (Sustainable Urban Mobility Plans), aber die Schweiz ist da leider nicht dabei. Am Ende müssen aus meiner Sicht vor allem die Agglomerationen und die Metropolitanräume für die sanfte Mobilität die Verantwortung übernehmen, aber dafür gibt es keine institutionelle Struktur (siehe nächstes Kapitel).

Grüne Infrastrukturen (oder manchmal auch *blau-grüne Infrastrukturen* genannt) ist ein in der Schweiz noch nicht akzeptiertes Konzept. Das BAFU verwendet das Wort *ökologische Infrastruktur* und meint damit in erster Linie die Erhaltung und Förderung der Biodiversität, das heisst Naturschutz. Grüne Infrastrukturen sind hingegen von den Städten und deren Problemen (vor allem Klimaerwärmung und Standortattraktivität) her gedacht. Dabei geht es nicht in erster Linie um Naturschutz, sondern um die (öko-)systemische Funktionen von Grünflächen, Gärten, Parks, Wasserläufen, Teichen, vegetalisierten Dächern und Wänden. Solche ökosystemischen Funktionen sind vielfältig und dienen der Qualität der Luft, dem Kühlen der Städte (Verminderung des *Hitzeinseleffekts*), der Qualität des Grundwassers, der Flutprävention (Absorbieren von Sturmwasser), der Biodiversität, dem sozialen Zusammenhalt (Parks, Grünflächen) und generell der Lebensqualität in einer Stadt. Sie haben also sowohl ökonomische (geringerer Energieverbrauch) als auch soziale, ästhetische und biodiversitätsschützende Funktionen. Ich meine, es handelt sich dabei um «richtige» Infrastrukturen, die geplant, gebaut, gemanagt, unterhalten und reguliert werden müssen wie alle anderen Infrastrukturen auch. Es wird deshalb dafür in erster Linie Regeln brauchen. Wie bei den Infrastrukturen der sanften Mobilität können diese blau-grünen Infrastrukturen ihr volles Potenzial erst mittel- und langfristig entwickeln, denn sie müssen voll in die Raumplanung, den Häuserbau und den Bau der anderen Infrastrukturen integriert werden. Aber auch kurzfristig kann schon viel gemacht werden – insbesondere dank der Digitalisierung, die ein Just-in-time-Monitoring erlaubt. Blau-grüne Infrastrukturen haben zudem noch eine zusätzliche Herausforderung, denn Benutzerfinanzierung ist schwierig, wenn nicht unmöglich und aus sozialen Gründen auch nicht wünschbar. Schliesslich verfügt die EU seit 2013 über eine Strategie und entsprechende finanzielle Mittel zur Förderung grüner Infrastrukturen; aber weder das Konzept noch die Strategie und noch viel weniger das Geld sind bis jetzt bei uns angekommen.

Neue Schnittstelleninfrastrukturen

Infrastrukturen, die an den Schnittstellen der traditionellen (Infrastruktur-) Silos operieren, entstehen aus einer Kombination von Marktdynamik einerseits und politischem Druck andererseits. Angesichts der neuen Rahmenbedingungen – insbesondere der Verdichtung und der Dekarbonisierung – wittern innovative Unternehmen neue Marktopportunitäten. Dies ist besonders bei der Digitalisierung der Fall und ich werde darauf im nächsten Teil zurückkommen. Aber auch die Dekarbonisierung des Verkehrs durch dessen Elektrifizierung eröffnet neue Marktopportunitäten für Ladestationen und natürlich elektrische Fahrzeuge. Das Gleiche gilt für die Dekarbonisierung der Gebäudeheizungen, wo neue technologische Lösungen wie Sensoren usw. auf den Markt kommen. Aber oft braucht es mehr als nur neue Technologien, nämlich zusätzlich Bauten, Leitungen, Kabel, Röhren usw. – also Infrastrukturen, bei denen die Politik gefragt ist. Mit anderen Worten, die Verlinkung und die Infrastruktursysteme, wie ich sie in Kapitel 3 beschrieben habe, können erst entstehen, wenn die öffentliche Hand diese Entwicklung aktiv fördert. Das ist nicht notwendigerweise in erster Linie eine finanzielle Frage – denn die Verlinkung ist oft ein neuer Markt –, sondern eher eine Frage der institutionellen Rahmenbedingungen, die einen solchen Markt überhaupt erst entstehen lassen.

In diesem Teil werde ich vier aus meiner Sicht zentrale neue Schnittstelleninfrastrukturen diskutieren, nämlich die Ladeinfrastrukturen, die sogenannten Mobilitätshubs (sowohl für Personen als auch für Güter) und die Fernwärme. Bei allen vier braucht es eine aktive Rolle der öffentlichen Hand, oft von lokaler bis zur nationalen Ebene. Ich meine, dass diese vier Schnittstelleninfrastrukturen ein wichtiger Zwischenschritt in Richtung der drei in Kapitel 3 diskutierten Infrastruktursysteme sind (Energieversorgungssystem, Mobilitätssystem, lokales Ressourcenbewirtschaftungssystem). Zu einem gewissen Grad könnte man auch die oben schon erwähnten grünen und blauen Infrastrukturen als neue Schnittstelleninfrastrukturen betrachten, denn sie verbinden Wasser mit Energie, mit Wohnsubstanz und mit Transport. Auf die Telekommunikationsinfrastruktur werde ich im nächsten Teil speziell eingehen, denn diese wird zusammen mit der Digitalisierung zur ultimativen Schnittstelleninfrastruktur.

Ladeinfrastrukturen

Um die Dekarbonisierung des Strassenverkehrs zu beschleunigen, hat der Bund neulich angekündigt, den Ausbau der Ladeinfrastruktur an Autobahnraststätten finanziell zu unterstützten, indem er privaten Investoren zinslose Darlehen gewährt. Das ist eine begrüssenswerte Initiative, mit der dank einer neuen Infrastruktur auf die Herausforderung der Dekarbonisierung geantwortet werden kann. Eine Ladeinfrastruktur am Interface zwischen Strassenverkehr, sanfter Mobilität und Elektrizität wird es in Zukunft zweifelsohne brauchen. Es ist auch so, dass eine solche Infrastruktur im öffentlichen Interesse ist, was nicht heisst, dass der Staat sie auch bauen und betreiben muss. Hingegen muss er die physischen Orte, an denen solche Infrastrukturen überhaupt gebaut werden können, identifizieren und eventuell gegen Entgelt zur Verfügung stellen. Autobahnraststätten scheinen mir dafür geeignet zu sein.

Angesichts der bisher in diesem Buch angestellten Überlegungen erlaube ich mir hier trotzdem einige kritische Bemerkungen zu diesem Projekt. Als Erstes ist zu beachten, dass wir zum gegenwärtigen Zeitpunkt den Strom für eine massive Elektrifizierung des motorisierten Verkehrs nicht haben und in absehbarer Zeit auch nicht haben werden. Und auch falls wir eines Tages ein Stromabkommen haben werden, könnten wir zwar mehr Strom importieren, aber dieser Strom käme sehr wahrscheinlich aus polnischen und (reaktivierten) deutschen Kohlekraftwerken, es sei denn, dass die Franzosen ihren Nuklearpark wieder in Ordnung bringen, was höchst unwahrscheinlich ist. Atomstrom wäre zwar dekarbonisiert, aber nicht viel wünschenswerter.

Meine zweite kritische Bemerkung betrifft den individualisierten Personenverkehr. Ich habe schon oben darauf hingewiesen, dass ich den PKW als Auslaufmodell betrachte. Ein PKW, der mit Strom fährt und über dessen Beitrag zur Dekarbonisierung man sich auch noch streiten kann, löst die Probleme der Personenmobilität in keiner Weise (Ressourcenverbrauch, Ineffizienz, Platzverbrauch, Staus usw.). Der Aufbau einer Ladeinfrastruktur für PKWs (auch wenn man den Strom hätte) ist auch als Zwischenschritt nicht wünschbar, denn wir verlieren nur wertvolle Zeit. Die Elektrifizierung sollte sich also auf Lastwagen, Busse, Kleinbusse, Taxis, Carsharing und auf die Mikromobilität (elektrische Velos, Scooter) fokussieren. Und da muss man sich fragen, ob die Autobahnraststätten die geeignetsten Standorte sind. Wie oben ausgeführt sollten die Autobahnen für den Lastwagentransport elektrifiziert und die Autobahnraststätten zu Logistikumschlagplätzen umgebaut werden, und dort wird es auch ein bisschen Ladekapazität brauchen. Ladestationen braucht es hingegen an den Bahnhöfen und generell in den neu zu bauenden Mobilitätshubs.

Mobilitätshubs

Mit Mobilitätshub – oder auch multimodalem Mobilitätshub – wird ein physischer Ort bezeichnet, an dem ein möglichst nahtloser Übergang von einem Verkehrsmittel auf ein anderes (mehrere andere) möglich ist. Er verknüpft also idealerweise die Schiene (Bahn, Metro, Tram) mit der Strasse (Bus, Carsharing, Mobility, Taxis, E-Bike, E-Scooters usw.) und mit Parkings. Es ist also auch ein Übergang vom privaten zum öffentlichen Verkehr. Die Philosophie dahinter ist die einer vollständig integrierten Mobilitätskette, begleitet natürlich von integriertem (elektronischem) Ticketing und integriertem Fahrplan (wenn überhaupt noch nötig). Wie oben gesehen würde eine Mobilitätshub auch Ladestationen beherbergen.

Das ist natürlich leichter gesagt, als getan, denn es geht um einen physischen Ort, und der braucht Platz. Zudem muss dieser physische Ort dort sein, wo die Leute umsteigen wollen, also zum Beispiel am Bahnhof, irgendwo im Stadtzentrum oder sonst an einem strategischen Ort. Dieser Ort ist wahrscheinlich schon bebaut und die Geschäfte möchten sicher nicht umziehen. Auf jeden Fall ist dies teuer. Es braucht also eine Policy sowie entsprechende Planung, Finanzierung und vor allem viel Koordination der multiplen involvierten Akteure (siehe Kapitel 5 zur Gouvernanz). Aber noch vor dem Gouvernanzproblem geht es um raumplanerische und bauliche Aspekte, und über allem steht eine wahrscheinlich nationale, multimodale Mobilitätsstrategie, die gleichzeitig bottom-up und top-down erarbeitet werden muss. Man muss mögliche Mobilitätshubs identifizieren (nämlich dort, wo sie überhaupt gebaut werden können). Auf nationaler Ebene müssen diese Hubs optimal miteinander verbunden sein, nämlich sowohl via der Backbone Schiene als auch via der Backbone Strasse. Auch die drei Landesflughäfen müssen in irgendeiner Form an diese Mobilitätshubs angebunden sein – oder können sogar selbst einen Mobilitätshub darstellen.

Die relevante Einheit für einen Mobilitätshub ist nicht notwendigerweise die Stadt, sondern vielmehr eine Agglomeration oder vielleicht sogar einer der fünf Metropolitanräume. Dafür müssen sich Städte und Gemeinden zusammentun, um Agglomerations-Mobilitätsstrategien (mit einem oder mehreren Mobilitätshubs) zu planen – wahrscheinlich koordiniert durch den

Bund. Beispiele dafür gibt es viele auf der Welt, aber sie sind fast alle anekdotischer Natur. So werden zum Beispiel gewisse Transportmodi miteinander verbunden (aber selten alle), und es gibt gewisse interessante Lokalisierungen, die aber immer ortsspezifisch sind. Auch hängt es sehr davon ab, wer der Sponsor hinter einem Mobilitätshub ist. Typischerweise ist dieser Sponsor lokal verankert oder vernetzt und hat keine Übersicht, wie sein Mobilitätshub mit der nationalen Mobilität verknüpft wird. Ebenfalls ist der Treiber selten die Stadt selbst, sondern ein Immobilienpromotor, ein Architekturunternehmen, das ein Quartier (um-)bauen will, oder eine Eisenbahn, die ihren Bahnhof zu einem Mobilitätshub umbauen will. Mit anderen Worten, das Ganze muss also auf nationaler Ebene koordiniert werden.

Cargo Hubs

Das Äquivalent eines Mobilitätshubs auf der Güterseite ist der multimodale Cargo Hub. Dieser ist wiederum ein physischer Ort, an dem die Fracht von einem Transportmodus (Schiene, Strasse, vielleicht CST) auf einen anderen umgeladen wird. Typischerweise geht es um die Feinverteilung auf der letzten Meile. Das Problem, das es dabei zu bewältigen gilt, ist aber nicht 100 Prozent identisch mit der Personenmobilität. Als Erstes sind die zu transportierenden Güter weniger homogen als Personen, auch wenn man bei den Personen ebenfalls zwischen verschiedenen Typen unterscheiden muss (Pendler versus Freizeit, reich versus arm usw.). Grosso modo muss man zwischen Fracht und Kleingüterlogistik unterscheiden. Die Distanzen sind ganz andere und meistens ist die internationale Vernetzung wichtig, da die meisten Güter importiert werden. Das findet zwar vorwiegend auf der Strasse statt, aber es handelt sich um ganz andere Logistikketten, und diese werden generell von spezialisierten Unternehmen koordiniert, wie zum Beispiel die Kleingüterlogistik von der Post.

Die Initiative zur Schaffung von Cargo Hubs kommt in erster Linie von den Städten, die es satthaben, dass Lastwagen halb leer ihre Strassen verstopfen und ihre Stadtluft zusätzlich verschmutzen, denn etwa ein Viertel des Verkehrs in einer Stadt stammt von der Logistik. Und hier gibt es ein enormes Effizienzpotenzial. Das Ganze heisst City- oder Städtelogistik und besteht darin, dass Städte und Agglomerationen versuchen, die verschiedenen auf ihrem Gebiet operierenden Logistikunternehmen dazu zu zwingen, Fracht und Güter an einem zentralen Hub entweder in der Stadt oder am Stadtrand zu deponieren, von wo diese dann für die Feinverteilung auf kleinere Camions oder sogar Velokuriere umgeladen werden. Idealerweise konzessioniert die Stadt ein oder mehrere Unternehmen für diese Feinverteilung. Im Gegenzug kümmert sich die Stadt um die Zurverfügungstellung eines physischen Orts, an dem diese Umladung stattfinden kann. Das braucht nicht unbedingt im Stadtzentrum zu sein und kann auch am Stadtrand oder in einem verlassenen Industriequartier sein. Der Platz für diese Cargo Hubs ist also einfacher zu finden, dafür ist aber die Koordination der Akteure umso schwieriger, denn es handelt sich fast ausschliesslich um Privatunternehmen, denen der Service-public-Gedanke ziemlich fremd ist.

Noch viel wichtiger als bei den Mobilitätshubs ist bei den Cargo Hubs die nationale und internationale Vernetzung. Wiederum braucht es einen Backbone, aber der ist idealerweise nicht nur national, sondern auch EU-weit und noch darüber hinausgehend. Was könnte dieser Backbone sein, der die Cargo Hubs miteinander verbindet, idealerweise in dekarbonisierter Form? Diese Frage ist bei den Gütern viel schwieriger zu beantworten als bei der Personenmobilität, denn es drängt sich spontan keine Infrastruktur auf: Die Post ist eine Form von landesweitem Backbone bis hin zur Feinverteilung, beschränkt sich jedoch auf die Kleingüter und kontrolliert die dazu notwendige Infrastruktur kaum (ausser ihre eigenen Sortierzentren). Die anderen Transporteure (Planzer, Panalpina, Kühne und Nagel, und wie sie alle heissen) fahren auf der Strasse, sind in Konkurrenz zueinander und können wenig in die Dekarbonisierung der Güterlogistik investieren. Wie oben gesagt könnten die Nationalstrassen zu diesem elektrifizierten Logistik-Backbone umgebaut werden, aber dafür braucht es ein bisschen Mut und politischen Willen. Es braucht also wiederum Policy, aber eine, die im Einklang mit der EU erarbeitet wird, denn wie bereits erwähnt kommt der Grossteil der Fracht und Güter aus dem EU-Raum. CST könnte sich als dekarbonisierte Alternative anbieten und somit in ein schweizerisches Gesamtkonzept der Cargo-Logistik passen, aber da bräuchte es aktiveres Vordenken von Bundesbern (es gibt aber kein Amt für Cargo) und vor allem wiederum eine Koordination zwischen den Städten, den Agglomerationen, den Metropolitanräumen und dem Bund.

Fernwärme

Als vierte, neue Vernetzungsinfrastruktur möchte ich hier ebenfalls die Fernwärme erwähnen. Diese spielt in der Schweiz schon heute eine wichtige Rolle bei Gebäudeheizung und Warmwasserversorgung. Fernwärme oder Fernheizung meint die Versorgung von Gebäuden (selten einzelne Häuser, sondern meist Blöcke, Industrieareale, Spitäler sowie ganze Quartiere) mit zentral erzeugter Raumwärme (Heizung) und manchmal auch Warmwasser mit einem im Boden verlegten Rohrsystem. Fernwärme gibt es schon seit dem Zweiten Weltkrieg vor allem in Osteuropa und Skandinavien; sie wurde aber meist mit fossilen Brennstoffen erzeugt. In der Schweiz ist die Verbreitung der Fernwärme auf die Energiekrise der 1970-Jahre und die daraus resultierende Energiestrategie zurückzuführen. Bei uns gibt es über 1000 solche meist kleine Fernwärmenetze. Die Grössten sind in Zürich, Basel, Genf, Lausanne, Bern, aber auch im Flughafen Zürich zu finden. Der weitaus grösste Teil der produzierten Fernwärme stammt bereits aus erneuerbaren Energien, insbesondere der Abwärme aus KVAs (45 Prozent), Holz(-schnitzeln) und Biomasse (31 Prozent) sowie Umweltwärme und Abwärme (17 Prozent), wobei aber Gas oft noch als Back-up verwendet wird. Viele KVAs sind bereits an Fernwärmenetze angeschlossen, die Herausforderung besteht jedoch darin, KVA vermehrt für die Abwärme statt für die Stromproduktion zu benutzen.

Fernwärme als aktiver Beitrag zur Energie- oder Wärmewende hat aber noch ein grosses Ausbaupotenzial, insbesondere auf der Basis vom Umweltwärme durch Wärmepumpen aus Abwasser, Seewasser, Grundwasser oder Erdwärme. Heute sind weniger als 5 Prozent der Wohngebäude in der Schweiz an die Fernwärme angeschlossen. Mit zunehmender Nachfrage nach Kühlung wird ebenfalls die sogenannte Fernkälte interessant, wobei Fluss- oder Seewasser per Rohrleitung zur Kühlung von Gebäuden und ganzen Quartieren verwendet werden kann. Der Druck zum weiteren und massiven Ausbau von Fernwärme und Fernkälte kommt in erster Linie von den Städten, den Stadtkantonen (Genf, Basel-Stadt) und den Agglomerationen, die sich ambitiöse Dekarbonisierungsziele gesetzt haben und nun den Ausbau der Fernwärme und Fernkälte brauchen, um diese Ziele zu erreichen. Deren Ausbau ist aber teuer, denn das Verlegen der Rohre ist mit hohen Kosten verbunden. Am ökonomisch interessantesten ist die Fernwärme beim Bau von neuen Quartieren, ansonsten der Boden wieder aufgerissen und grosse Rohre zwischen schon existierende Wasser-, Abwasser-, Kabel-, Strom- und Gasleitungen gezwängt werden müssen. Theoretisch könnte man natürlich Fernwärmeleitungen auch über dem Boden (zum Beispiel über den Strassen) bauen, aber das ist vorläufig noch nicht akzeptiert. Die Investitionskosten für die Weiterentwicklung tragen dabei in erster Linie die Stadtwerke, denen die öffentliche Hand mit geeigneten Regulatorien helfen muss, ihre Investitionen via Netznutzungsgebühren wieder hereinzuholen.

Digitale Plattformen als «Systeminfrastrukturen»

Ich habe in einem ersten Teil dieses Kapitels die traditionellen silomässig geplanten, gebauten, betriebenen und regulierten Infrastrukturen präsentiert; diese braucht es natürlich immer noch. Es braucht auch das Ingenieurwissen und die entsprechenden Technologien, diese stets weiterzuentwickeln. Aber das genügt angesichts einer verdichteten, verbauten und verstädterten Schweiz und angesichts der Nachhaltigkeitsziele, des Effizienzdrucks und der Resilienzanforderungen nicht mehr. In einem zweiten Teil habe ich deshalb gezeigt, wie zwischen den traditionellen allmählich neue Infrastrukturen entstehen, die auf diese neuen systemischen Herausforderungen zumindest teilweise antworten. Auch diese gilt es zu planen, zu finanzieren, zu bauen, zu betreiben, zu unterhalten und auch zu regulieren. In diesem dritten Teil will ich nun aufzeigen, wie mit der Digitalisierung, sozusagen über dem Ganzen, noch eine weitere Schicht von «Infrastrukturen» entsteht. Diese Schicht kann zusätzliche Effizienz, Nachhaltigkeit und Resilienz in die verschiedenen Infrastruktursysteme (Mobilität, Energie, lokale Ressourcenbewirtschaftung) bringen, und zwar auf allen geografischen Ebenen, von den Städten bis hin zur Metropolitanregion Schweiz.

Dazu vorausschickend ein Hinweis auf die evolutionäre Technologieökonomie: Ökonomen postulieren, dass neue Produkte und Dienstleistungen immer dort entstehen, wo ein (potenzieller) Markt ist, und nennen das Innovation. Das gilt in dieser abstrakten Form ebenfalls für die Technologie: Innovative Technologien entstehen ebenfalls dort, wo die traditionellen Technologien Ineffizienzen generieren, das heisst wo man mit neuen, effizienteren Technologien Geld verdienen könnte. Allerdings sind Infrastrukturen nicht einfach Weggli oder Joghurt, sondern komplexe Systeme, bei denen Innovation nicht so einfach ist (Stichwort *systemische Innovation*) und der Markt auch nicht so optimal funktioniert. Aber ab einem gewissen Stadium werden die Ineffizienzen so flagrant und der Druck auf die Infrastrukturen (nicht nur der ökonomische, sondern auch der soziale und politische, sprich Nachhaltigkeit und Resilienz) so gross, dass neue Technologien entstehen (müssen). Dies ist typischerweise schon heute bei neuen Interfacetechnologien wie Smart Meters (am Interface zwischen Energie und Telekom), autonomen Fahrzeugen (Interface zwischen Transportmodi und Telekom) usw. der Fall.

Man kann das Entstehen der digitalen Plattformen ebenfalls als technologisch-ökonomische Antwort auf die existierenden Ineffizienzen sehen. Nur dass in diesem Fall die Ineffizienzen vor allem von der mangelnden Koordination unter den verschiedenen involvierten Akteuren herrühren. Digitale Plattformen produzieren zwar selbst keine Bücher, keine Hotelzimmer, oder eben keine Mobilität, aber sie machen die Koordination zwischen Angebot und Nachfrage viel effizienter und generieren so einen volkswirtschaftlichen Gewinn, den sie ihrerseits grösstenteils gleich selbst wieder abschöpfen.

Digitale Plattformen sind auch nicht Infrastrukturen im traditionellen Sinn. In ihrem Funktionieren sind sie aber den Telekom- und den ursprünglichen postalischen Netzen sehr ähnlich: Sie vernetzen verschiedene Kunden- oder Benutzergruppen und schaffen so eine neue Dienstleistung. Diese Dienstleistung kann (oder kann auch nicht) im öffentlichen Interesse sein. Sie kommt dank der von den digitalen Plattformen generierten Netzwerkeffekte zustande, und diese sind bei den digitalen Plattformen noch viel potenter als beim Telekomnetz. In der Tat kommen bei den digitalen Plattformen zusätzlich zu den direkten noch indirekte und algorithmische

Netzwerkeffekte zum Tragen (siehe Montero und Finger, 2020 b). Die wie in Kapitel 2 aufgezeigten Netzwerkeffekte führen tendenziell zu Monopolen – genau gleich, aber nun noch viel stärker, als dies in der Vergangenheit bei Post und Telekom der Fall war.

In Kapitel 2 zeigte ich bereits auf, wie sich die digitalen Plattformen, sozusagen als neue (dritte) Schicht über die zwei Schichten der Infrastrukturen stülpen (siehe Grafik 2, Seite 69), diese *plattformisiert* oder manchmal sogar substituiert (Briefpost, Medien). Aber die digitalen Plattformen tun mehr als das, denn sie dienen ebenfalls als neuer Koordinationsmechanismus von bis anhin fragmentierten Infrastrukturelementen und können deshalb ebenfalls als eine Art Systeminfrastruktur betrachtet werden. Sie können so die in Kapitel 3 identifizierten und bis heute sehr unkoordiniert operierenden Mobilitäts-, Energieversorgungs- und Ressourcenbewirtschaftungssysteme besser koordinieren, indem sie drei Elemente miteinander kombinieren, nämlich ein physisches, ein algorithmisches und ein institutionelles (oder juristisches).

Digitale Plattformen haben eine physische – und man könnte sogar sagen eine infrastrukturähnliche – Dimension, denn sie generieren (sammeln) Daten (und Informationen) und bewahren sie auf. Die Generierung von Daten und Informationen kann durch viele verschiedene Technologien stattfinden, wie Kameras, Sensoren, RFID Chips, Smartphones, Barcode Readers, Smart Meters usw., heute generell unter dem Namen IoT zusammengefasst. Daten und Infos können via Smartphones ebenfalls von den Benutzern selbst generiert werden, oft ohne deren Wissen. Die meisten dieser Geräte gehören gar nicht selbst den digitalen Plattformen, aber sie haben meist Zugriffsrechte darauf. Manchmal werden Daten und Informationen von verschiedenen Akteuren aus demselben Instrument extrahiert, also gleichzeitig vom Produzenten des Instrumentes, dem App-Eigentümer und dem Telekomanbieter und den verschiedenen digitalen Plattformen verkauft. Das Gleiche gilt, wenn auch weniger bekannt, für die Datenaufbewahrung. Diese findet meist an ganz verschiedenen Orten statt, wobei die Data Centers wiederum oft nicht den digitalen Plattformen gehören. Zudem werden Daten und Information oft mehrmals aufbewahrt und in verschiedenen Formaten, manchmal auch im Ausland. Beide – Datengenerierung und Datenaufbewahrung – sind dezentral organisiert. Das heisst, man hat es hier nicht mit einer monopolistischen Infrastruktur im herkömmlichen Sinn zu tun, sondern mit hochfragmentierten Technologieelementen, was seinerseits Probleme der Standardisierung, der Kompatibilität usw. mit sich bringt und dazu führt, dass es ein Regelwerk braucht, um diese Daten, Infos usw. zu organisieren.

Damit die Plattformen die Daten gebrauchen können, braucht es also Regeln, und zwar nicht nur Regeln zum Zugang zu den Daten (Zugangsrechte), sondern, viel grundlegender, Regeln zur Taxonomie, zur Strukturierung, zur technischen Standardisierung und zur Lesbarkeit der Daten. Das kann man natürlich ganz pauschal auf EU-Ebene regeln (wollen), und das tut die EU auch, indem sie so eine Art minimale Standards für neun verschiedene Datenräume definiert (Mobilitätsdaten, Energiedaten, Umweltdaten, Forschungsdaten, Finanzdaten usw.). Aber nicht alle dieser Regeln brauchen auf EU-Ebene gemacht zu werden, sondern nur die gröbsten. Die meisten der Infrastrukturdaten werden sicher in Zukunft auf Agglomerationsebene und auf der Ebene der Metropolitanräume gebraucht werden; ihnen wird somit ebenfalls eine aktive Rolle bei der Ermöglichung digitaler Plattformen als Systeminfrastrukturen zukommen.

Die wirkliche Stärke der digitalen Plattformen liegt aber nicht bei ihren physischen, sondern bei ihren algorithmischen Dimensionen, und hier sind zwei Faktoren wichtig, nämlich einerseits die Analyse und andererseits die Netzwerkeffekte. Daten sind nicht einfach Daten; damit sie (kommerziell) etwas taugen, muss man sie analysieren, denn sonst sind sie Müll. Analyse hängt ihrerseits von den Algorithmen ab: Je besser der Algorithmus, desto mehr Information und strategisches Wissen kann man aus den Daten ziehen. Und je mehr Daten man hat, desto besser kann man die Algorithmen trainieren, damit sie noch besser werden. Und hier kommen die Netzwerkeffekte zum Zug: Digitale Plattformen sind *Intermediäre*: Sie vermitteln zwischen verschiedenen Benutzer-, Kunden- oder besser gesagt Anspruchsgruppen, also zwischen denjenigen, die das Auto vermieten oder das Zugticket verkaufen wollen, und denjenigen, die das Auto mieten oder den Zug fahren wollen. Beide müssen miteinander optimal verbunden werden. Und beide Seiten dieses zweiseitigen Markts liefern wiederum Daten, die die Plattformen ihrerseits analysieren, um so immer besser vermitteln zu können.

Damit diese digitalen Plattformen aber die konkreten, physischen Dienstleistungen, die sie den Kunden versprochen haben – also zum Beispiel den Benutzern eine Zugfahrt – auch erbringen können, braucht es ein drittes, institutionelles (oder sogar juristisches) Element. Sie brauchen Zugang zur Schicht 2 (in Grafik 2, Seite 69), also Zugang zu den physischen Dienstleistungen, die sie vermitteln. Denn am Schluss wollen die Leute den Strom geliefert, das Mobility-Auto zur Verfügung haben oder den auf der App reservierten Parkplatz leer vorfinden. Dazu braucht es einen Vertrag (Service Level Agreement oder SLA) mit dem physischen Infrastrukturdienstleister (wenn er nicht selbst der App-Anbieter ist) sowie Zugang zu Echtzeitdaten einerseits (Wo ist das gemietete Auto oder das E-Bike genau? Welche Sitzplätze sind gerade frei im Zug? Wie viel Strom konsumiert meine Wärmepumpe gerade?), und Zugang zu gewissen physischen Elementen der Infrastrukturdienstleister andererseits. Wie kann ich mit der App das Auto oder das E-Bike öffnen? Wie kann ich sicherstellen, dass die SBB den freien Sitzplatz nicht selbst nochmals verkauft? Wie kann ich als Plattform den Kühlschrank abstellen, wenn der Strom zu teuer ist? Die öffentliche Hand – also eine Stadt, eine Agglomeration oder ein Metropolitanraum – kann durchaus ein Interesse daran haben, dass ihre Infrastrukturunternehmen in systemischere Plattformen eingebunden oder sogar von ihnen plattformisiert werden, denn das kann zu einer besseren Dienstleistung und letztlich zu einem besseren Service public führen, ganz abgesehen davon, dass es effizienter ist. Eine mögliche Vorgehensweise wäre, die Plattform zu verpflichten, gewisse Service-public-Dienstleistungen in ihre Algorithmen einzuprogrammieren, ihnen aber im Gegenzug Zugang zu wichtigen Infrastrukturinformationen (Echtzeitinformationen, Ticketing usw.) zu gewähren. Das bedingt aber eine aktive Rolle der öffentlichen Hand: Sie muss wissen, was sie von den digitalen Plattformen genau will und was sie ihnen im Gegenzug zu geben bereit ist.

Kurzum, die digitalen Plattformen sind in der Tat eine neue Art von Systeminfrastrukturen, dank denen Infrastruktursysteme – wie ein Mobilitätssystem, ein Energieversorgungsystem oder ein dezentrales Ressourcenbewirtschaftungssystem – viel effizienter, viel nachhaltiger und viel resilienter betrieben werden können. Aber damit diese zum Funktionieren kommen, braucht es viel Gouvernanz, das heisst ein ausgeklügeltes Regelwerk im allgemeinen öffentlichen Interesse.

Kapitel 5

Gouvernanz

Die Infrastrukturen der Schweiz sind nicht in Gefahr, weil wir schlecht arbeiten, weil sie schlecht oder ungenügend unterhalten sind oder weil wir zu deren Ausbau nicht genug Geld haben oder zur Verfügung stellen wollen. Die Gefahr rührt vielmehr davon her, dass wir dieses Erfolgsmodell nicht einfach so weiterführen können. Ich habe bislang argumentiert und aufgezeigt, dass sich diese in der Vergangenheit silomässig gebauten Infrastrukturen nicht so weiterentwickeln können und sich den neuen Rahmenbedingungen anpassen und deshalb in Zukunft als Infrastruktursysteme geplant, gebaut, betrieben, unterhalten und reguliert werden müssen. Dies ist in erster Linie eine institutionelle und nicht eine technologische Herausforderung. Die Gefahr ist, dass wir diese institutionelle Herausforderung, den Übergang von der alten Gouvernanz der Infrastruktursilos zu einer neuen Gouvernanz der Infrastruktursysteme, nicht schaffen. Diese Herausforderung ist umso grösser, als wir, wiederum als Land, schon die Anpassung der Gouvernanz der traditionellen Siloinfrastrukturen an deren Liberalisierung nur halbbatzig mitgemacht haben. In der Tat ist die Gouvernanz der Infrastrukturen, die wir heute haben, schon seit deren Liberalisierung in den 1990er-Jahren nicht mehr zeitgemäss; trotzdem haben wir uns dank unserer Vorväter, die die schweizerischen Infrastrukturen vorausschauend aufgebaut haben, dank der öffentlichen Unternehmen, die bis jetzt immer sehr gut gearbeitet haben, und dank Geld, das nie Mangelware war, gut durchgeschlängelt. Aber das genügt in Zukunft nicht mehr. Kurzum, unsere Infrastrukturen werden mit der Gouvernanz, die wir heute in unserem Land haben, nicht auf die neuen Rahmenbedingungen der Verstädterung, des Klimawandels, der Digitalisierung und der EU antworten können, letztlich zum Schaden der Lebensqualität und der Wettbewerbsfähigkeit in der Schweiz.

Dieses Kapitel hat wiederum drei Teile: In einem ersten Teil werde ich die Schwächen der heutigen Gouvernanz der Infrastrukturen aufzeigen, und zwar Silo für Silo. Diese Schwächen sind das Resultat unserer unsystematischen und, ehrlich gesagt, ein bisschen dilettantischen Reaktion auf deren Liberalisierung. Mit anderen Worten, wir starten also beim Umgang mit den neuen Herausforderungen an die Infrastrukturen mit einer nicht ganz optimalen Ausgangslage. In einem zweiten Teil werde ich zeigen, wie man bis heute in der Schweiz mit den vier neuen Rahmenbedingungen der Verstädterung, des Klimawandels, der Digitalisierung und der EU umgegangen ist – das heisst wiederum ziemlich dilettantisch oder zumindest zögerlich. In einem dritten Teil versuche ich die zugrunde liegenden Gründe für unseren zögerlichen, unsystematischen und ein bisschen dilettantischen Umgang mit alledem zu identifizieren.

Gouvernanz der heutigen Infrastruktursilos

Parallel zur Liberalisierung der Infrastrukturen seit den 1990er-Jahren hätte sich eigentlich bereits eine neue Gouvernanz entwickeln müssen. Mit anderen Worten, die Marktdynamik und die damit ausgelöste Technologiedynamik hätten eigentlich von einer institutionellen Dynamik begleitet werden sollen. Das war aber in der Schweiz nur mässig der Fall und auch nur dort, wo man sich dem Druck der EU nicht entziehen konnte, nämlich beim Strommarkt. Und so haben wir heute eine helvetische Diversität an Gouvernanz, für jeden Sektor, für jedes Silo eine andere. Das ist natürlich nicht hilfreich, jetzt wo wir siloübergreifend vorgehen müssten.

Zur Erinnerung: Alle Infrastrukturen waren in der Vergangenheit silomässig und bottom-up (von lokal zu kantonal zu national) entstanden. Diese Entwicklung wurde zusätzlich noch verstärkt von den Ingenieuren, die sich ihrerseits auf die verschiedenen Infrastrukturen spezialisiert hatten. Das war auch richtig so und hat den Infrastrukturen zu einem soliden Dasein und der Schweiz zu grossem Erfolg verholfen. Die Gouvernanz war dieser Entwicklung gefolgt: Das Bauen, das Betreiben und das Unterhalten der Infrastrukturen wurde typischerweise in Europa von der Verwaltung an verschiedene mehr oder weniger autonome Formen von öffentlichen Anstalten und mit der Zeit an öffentliche korporatisierte Unternehmen ausgelagert. Es handelte sich um typische *professionelle Organisationen*, das heisst, die Manager sind ebenfalls die Spezialisten der Materie, also meist Ingenieure. Diese machten zusätzlich noch gleich die Policy und regulierten sich ebenfalls selbst. Mit der Zeit wurden Kantons- und Bundesämter geschaffen, die sich der Policies und auch der Unternehmen annahmen. Darum haben wir ein Bundesamt für den ÖV, eines für die Energie, eines für die Telekommunikation usw. Mit der Liberalisierung wurden, auf Druck der EU, ebenfalls Regulatoren geschaffen, die den in diesen Infrastruktursektoren entstehenden Markt regulieren sollten. Und darum haben wir eine RailCom, eine ElCom, eine ComCom usw. Aber diese Entwicklung hat in der Schweiz in jedem der Silos nach je eigenem Rhythmus und nach je eigenen Modalitäten stattgefunden – und wurde eben gerade nicht, wie dies in der EU der Fall war, nach einem kohärenten Modell abgearbeitet.

Und so gibt es heute immer noch keine Policy zur kohärenten institutionellen Ausgestaltung der zu liberalisierenden oder bereits liberalisierten Sektoren. Weder ist jemand dafür zuständig noch haben sich Politiker und Akademiker damit explizit befasst. Und weil wir nicht gerade ein EU-affines Land sind, haben wir das entweder explizit nicht gewollt (manchmal), aber meistens einfach verpasst. Das rächt sich jetzt. Nicht dass das eine grosse intellektuelle Herausforderung gewesen wäre, denn es geht im Prinzip nur um eine saubere institutionelle Trennung der drei Funktionen, die da sind die operationelle Funktion (das heisst der Betrieb, Aufgabe der Unternehmen), die Policy (das heisst die Politikberatung, Aufgabe der Bundesämter) und die regulatorische Funktion (Aufgabe der unabhängigen Regulatoren). Jeder dieser drei Akteure – Unternehmen, Bundesamt, Regulator – möchte natürlich am liebsten alle drei Funktionen gleich selbst wahrnehmen, denn so haben sie am meisten Macht, aber es wäre eben gerade die Rolle der Politik – von Bundesrat und Parlament – gewesen, zu schauen, dass dem nicht so ist. Eine höchst unsaubere Gouvernanz der heutigen Infrastruktursektoren ist das Resultat. Aber schauen wir das einmal Sektor für Sektor an.

Post

Obwohl die Post nicht wirklich eine Infrastruktur ist, ist die Gouvernanz des Postsektors höchst illustrativ und lehrreich, denn die Post war die erste Infrastukturorganisation der Schweiz, geschaffen ein Jahr nach dem Bundesstaat (1849). Da ist zuerst einmal *die Post als spezialrechtliche Aktiengesellschaft*, zu 100 Prozent im Besitz des Bunds. Sie ist als Holding strukturiert (Logistik, Kommunikation, Finanzen und Postauto) und bearbeitet diese verschiedenen Märkte mehr oder weniger erfolgreich in Konkurrenz zu privaten Unternehmen. Ein Monopol hat sie nur noch bei den Briefen unter 50 Gramm, und der Wert dieses Monopols nimmt mit der Digitalisierung (Substitution) jeden Tag ab. Die Post muss sich auf diesen verschiedenen Märkten behaupten und man – das heisst die Politik – sollte sie eigentlich machen lassen. Den Postmarkt als solchen gibt es nicht mehr, denn er ist zum Logistikmarkt oder präziser zum Kleingüterlogistikmarkt mutiert. Dies ist der Markt, auf dem die meisten Postunternehmen auf der Welt heute tätig sind. Postauto ist im internationalen Vergleich eine Anomalie, denn es gibt weltweit kein Postunternehmen mehr, das sich mit ÖV befasst. Eigentlich hätte man den Sektor Postauto der SBB geben sollen (und umgekehrt SBB Cargo der Post), denn das hätte viel mehr Synergien geschaffen. Im Zug der neuen Personen- und Gütermobilitätssysteme würde das auf jeden Fall mehr Sinn machen. Auch Postfinance als Zahlungsverkehrsoperator ist eine Anomalie. Die meisten postalischen Zahlungsverkehrsunternehmen waren in der Vergangenheit schon Postbanken und wurden privatisiert. In einigen wenigen Ländern (Frankreich, Italien) gibt es zwar Postbanken, die der nationalen Post gehören, aber als Banken, nicht als Zahlungsverkehr, der im Zeitalter der Digitalisierung kaum Überlebenschancen hat.

Weil es keinen Postsektor mehr gibt, gibt es auch keine Policy im Postsektor. Das Einzige, was wir in der Schweiz als Post-Policy haben, ist ein sogenannter Grundversorgungsauftrag, der aus der Zeit stammt, als es noch keine Konkurrenten gab. Er beinhaltet Paketpost, Briefpost, Postfinance und Poststellen, und man kann sich legitimerweise fragen, ob es ihn noch braucht in einer Zeit, da es einen funktionierenden Logistikmarkt, einen gesättigten Markt im Bankensektor und keine Nachfrage nach Briefpost mehr gibt. Die

Politikberatung im Postsektor macht das BAKOM, das Bundesamt für Kommunikation. Das ist wahrscheinlich so, weil es nie ein Bundesamt für Post gab – die Post hat bis 1998 ihre Policy gleich selbst gemacht – und weil die Post Teil der PTT war. Das BAKOM ist deshalb auch vorwiegend mit der Telekommunikation und den Medien beschäftigt, sodass die Post eine Nebenbeschäftigung geblieben ist.

Dafür gibt es einen Postregulator – die PostCom –, der sich ausschliesslich mit der Post befasst und eigentlich nicht viel zu tun hat. Denn seine Aufgabe ist es lediglich, die Einhaltung des Grundversorgungsauftrags zu überwachen – allerdings nur im Bereich Briefe, Pakete und Poststellen. Bei der Postfinance überwacht das BAKOM den Grundversorgungsauftrag gleich selbst. Das ist natürlich inkohärent. Sowieso bräuchte es im Grund genommen die PostCom gar nicht, denn die Post ist keine Netzwerkindustrie. Die einzige objektive Rechtfertigung für die PostCom ist das Restmonopol auf den Briefen bis zu 50 Gramm, aus dem die vermeintliche Gefahr der Quersubventionierung ausgeht. Diese Gefahr ist spätestens dann gebannt, wenn keine Briefe mehr verschickt werden. Der Grundversorgungsauftrag, will man ihn aus politischen Gründen, würde man viel einfacher und viel sauberer als Leistungsvereinbarung zwischen dem BAKOM (oder wem auch immer) und der Post (oder wem auch immer) gestalten. Aber dann müsste die Politik dafür bezahlen.

Stattdessen leistet man sich eine komplizierte Unternehmensführung, ein Postgesetz, das der Vergangenheit nachhinkt, und einen unnützen Regulator. Man könnte zum Beispiel die Post (und vor allem Postfinance) privatisieren und, falls man einen Grundversorgungauftrag will, mit dem privatisierten Unternehmen eine Leistungsvereinbarung abschliessen. Wenn man das nicht will, dann könnte man zumindest die Post wie ein privatwirtschaftliches Unternehmen führen, dessen Eigentum von der Finanzverwaltung des Bunds gemanagt wird – und nicht wie heute vom UVEK mit diesem unzeitgemässen Instrument der *strategischen Ziele des Bundesrats* und der Wahl von Politikern in den Verwaltungsrat.

Im letzten Kapitel habe ich argumentiert, dass es in unserem urbanisierten Land ein Gütermobilitätsinfrastruktursystem und eine entsprechende

Policy braucht. Eine solche Policy hätte natürlich nicht nur die Post im Fokus, denn die Post deckt nur einen Teil der Güterlogistik ab. Aber man könnte sich Leistungsverträge mit Logistikunternehmen (analog dem regionalen Personenverkehr) oder sogar eine Logistikinfrastruktur im nationalen Interesse mit Netzzugang vorstellen, auch wenn Cargo Sous-Terrain daran sicher keine Freude haben würde. In diesem Fall bräuchte es ebenfalls einen Logistikregulator, der aber nicht die PostCom sein kann. Eine nationale Logistik-Policy bräuchte auch ein Bundesamt, das sich darum kümmert. Aber mehr dazu im Schlusskapitel.

Telekom

Die Swisscom wurde 1998 aus der PTT ausgegliedert, in eine *Aktiengesellschaft* umgewandelt und an die Börse gebracht. 51 Prozent der Aktien gehören dem Bund. Verwaltet werden sie vom Finanzdepartement; das ist saubere Corporate Governance. Als mehrheitlicher Eigentümer will der Staat logischerweise Swisscom nicht zu hart *drannehmen,* denn sie liefert beträchtliche Dividenden in die Staatskasse ab, obwohl dies weltweit nicht mehr der Standard ist. Und so sind ebenfalls die restlichen Investoren, inklusive vieler Bürger, zufrieden und die Konkurrenten können ebenfalls vom hohen Preisniveau in der Schweiz profitieren. Trotzdem, ein bisschen Wettbewerb im Telekomsektor ist nicht nur eurokompatibel, sondern auch gut, stimuliert Wettbewerb und Innovation, und so hat es die Telekomindustrie in der Schweiz, wie wir oben gesehen haben, zu beachtlichen technologischen Resultaten gebracht. Die Swisscom, in typischer Staatsunternehmen-Manier, versteht sich denn auch sowohl als privatwirtschaftliches Unternehmen im harten Konkurrenzkampf (und beweist mit Fastweb in Italien, dass sie das auch kann) als auch als Service-public-Unternehmen im Dienst des Lands.

Und solange das so bleibt, muss man sich auf politischer Ebene nicht gross überlegen, was denn ein Service public im Telekomsektor eigentlich wäre und wie er sich den Herausforderungen der Digitalisierung anzupassen hätte. Die Politikberatung im Telekomsektor macht das BAKOM, und man kann das als «managed competition» beschreiben: Es geht um das Gleiche, nämlich ein bisschen Wettbewerb zum Zweck der Innovation (technologisch sollten wir schon auf Weltniveau bleiben), ohne Swisscom als historisches Unternehmen zu gefährden, ja sogar ihr erlauben, ein bisschen Geld zu verdienen, das sie dann in ihr Verständnis von Service public investieren und als Dividende wieder in die Staatskasse abliefern kann. Und so hat man bis jetzt keine hochentwickelte Telekom-Policy gebraucht und die Debatten drehen sich vor allem um die Geschwindigkeit beim Internetanschluss. Eine integrierte Telekom- und Digitalisierungs-Policy wird es aber in Zukunft brauchen.

Somit sind wir bei der *ComCom*, dem Telekomregulator der Schweiz, angelangt. Der ist, gelinde gesagt, noch nicht auf 5G-Standard, denn er verfolgt ja das gleiche Ziel, nämlich die Umsetzung des schweizerischen Verständnisses von Telekom. Die Hauptaufgabe unabhängiger Regulatoren ist es, in diesen per definitionem imperfekten Märkten der Infrastrukturen die Konsumenten zu schützen. Somit sollte sich die ComCom in erster Linie um das hohe Preisniveau im Telekomsektor kümmern. Das tut sie aber nicht. Grund dafür ist die fehlerhafte Gouvernanz: Statt die ComCom als eine von der Politik(-beratung) unabhängige Regulierungsbehörde auszustatten, gibt es nur ein (schwaches) Gremium, dessen Arbeit vom BAKOM gemacht wird. Das Ganze hatte schon schlecht angefangen, nachdem sich der damalige BAKOM-Direktor gleich selbst (Absegnung Bundesrat) zum ComCom-Präsidenten gemacht hatte. Und statt seine neue Rolle wahrzunehmen und den Sektor zu regulieren, sah er sich als *Fazilitator,* der zusammen mit der Industrie den Ausbau des Fibernetzes vorantreibt, was eigentlich die Aufgabe des BAKOM gewesen wäre. Wie schon gesagt, in der Schweiz gibt es leider keine Behörde und auch keine Policy, die definiert und kontrolliert, was ein Regulator zu tun und zu lassen hat.

Die grösste Herausforderung im Telekomsektor ist klar die Digitalisierung, und ich werde im zweiten Teil dieses Kapitels auf die Art und Weise eingehen, wie in der Schweiz mit der Digitalisierung institutionell umgegangen wird. Klar ist jedenfalls, dass die Telekomindustrie und die Swisscom als nicht nur dominantes, sondern auch selbsterklärtes Service-public-Unternehmen bei der Antwort auf diese Herausforderung eine wichtige Rolle spielen müssen. Aber um zu bestimmen, welche Rolle hier der Industrie und der Swisscom zukommen sollte, bräuchte es eine entsprechende Vision, die natürlich in Policies und Gesetze heruntergebrochen werden muss. Wer wäre dafür zuständig? Dem BAKOM als Telekom-Policy-Amt käme dabei sicher eine wichtige Rolle zu, zumindest bei der Telekominfrastruktur. Dem Regulator sicher auch. Aber weil man diese Policy nicht hat und der Bundesrat Ende 2019 dem BAKOM die Hoheit über die Digitalisierungsstrategie der Schweiz entzogen hat, ist es für das BAKOM schwierig, wenn nicht unmöglich, eine auf die Digitalisierung der Schweiz abgestimmte Telekom-Policy zu entwerfen. Mehr dazu im Schlusskapitel.

Bahn

Die SBB wurde 2000 in eine spezialrechtliche Aktiengesellschaft umgewandelt, die zu 100 Prozent dem Bund gehört. Daneben gibt es weitere Bahnunternehmen, die zum öffentlichen Schienenverkehr beitragen. Sie nennen sich *Privatbahnen,* um sich einen Anschein von Innovation und Dynamik zu geben, gehören aber den Kantonen. Die wichtigste dieser Privatbahnen, die BLS, gehört dem Kanton Bern. Die BLS ist eine Anomalie der schweizerischen Bahngeschichte und hätte eigentlich am Anfang des 20. Jahrhunderts im Zug von deren Verstaatlichung in die SBB integriert werden sollen. Dass dies nicht geschehen ist, bleibt ein Manko, das uns bis heute grosse Koordinationsprobleme bringt. Die SBB ist als Holding strukturiert, betreibt die Infrastruktur, den Fernverkehr, den grössten Teil des Regionalverkehrs, den nationalen Güterverkehr und den internationalen Güterverkehr in Zusammenarbeit mit HUPAC. Infrastruktur und regionaler Personenverkehr werden subventioniert und der Bau der grossen Infrastrukturvorhaben war und ist direkt vom Staat finanziert. Die unumstrittene Stärke des schweizerischen ÖV im internationalen Vergleich bilden, neben der Qualität der Infrastruktur, der integrierte Taktfahrplan und das integrierte Ticketing. Dies ist eine Errungenschaft der Branche unter der Führung von SBB und VöV, dem Verband öffentlicher Verkehr.

Aber diese Leadershipfunktion, vor allem die der SBB, ist dem Bundesamt für Verkehr (BAV) ein Dorn im Auge, und es will der SBB dreinreden, wie sie ihren Betrieb zu führen hat, was natürlich in Sachen Gouvernanz falsch ist. Dabei hätte das BAV mit der ÖV-Policy weitaus genug zu tun und leistet dort auch ausgezeichnete Arbeit. Aber eben, es will gleichzeitig Policy machen, regulieren und der SBB sagen, was sie im operationellen Bereich tun soll. Das ist zu viel Macht für ein einziges Bundesamt, nicht nur vis-à-vis der SBB, sondern auch vis-à-vis der Politik. Vielmehr sollte man die SBB bauen, betrieben und unterhalten lassen. Im Gegenzug sollte man die SBB insbesondere bei der Infrastruktur von einem unabhängigen Regulator überwachen lassen und das BAV sollte sich auf die Politikberatung beschränken. Aber dafür müsste man auch die Unternehmensführung (Corporate Governance) der SBB neu aufstellen, denn diese wird heute ebenfalls vom BAV wahrgenommen (auf dem Papier ist es zwar das UVEK in Zusammenarbeit mit der EFV). Eine saubere Unternehmensführung eines Staatsunternehmens bedingt aber, dass das Eigentum von einem anderen Ministerium verwaltet wird als demjenigen, das die Policy macht, also dem Finanzdepartement.

Der einzige signifikante Unterschied zwischen der Bahn und den anderen Infrastruktursektoren sind die grossen vom Staat finanzierten Investitionen in die Bahninfrastruktur (NEAT, Bahn 2000, ZEB usw. und neulich Bahn 2050). Die plant ebenfalls das BAV und befriedigt so viele regionalpolitische Wünsche, die der Effizienz des Backbones nicht unbedingt dienlich sind und nur teure Folgekosten beim Unterhalt nach sich ziehen. Eine saubere Gouvernanz wäre es, die SBB den Netzausbau, innerhalb des vom BAV vorgegebenen Policy-Rahmens, planen zu lassen und vom unabhängigen Regulator diesen Netzausbau absegnen und überwachen zu lassen, genauso wie das im Elektrizitätssektor bestens funktioniert. Den Regulator, die RailCom, gibt es in der Tat, aber nur weil die EU ihn im Jahr 2002 verlangt hatte. Man glaubt nicht an ihn und man will ihn auch nicht, weder die SBB und noch weniger das BAV. Und so fristet die RailCom ein Mauerblümchendasein und versucht das Ganze irgendwie zu begleiten, statt zu überwachen, eine typisch schweizerische Konfliktvermeidungskrankheit. Und weil man nicht will, dass die RailCom reguliert, hat man die Trassenvergabestelle Schweiz als Bundesanstalt geschaffen, eine weitere Gouvernanzanomalie. Saubere Gouvernanz wäre es gewesen, die Trassen – also wann welche Züge fahren können – von der SBB-Infrastruktur, die am besten weiss, wo und wann es Platz hat, entscheiden und, damit das diskriminierungsfrei vonstattengeht, von der RailCom überwachen zu lassen.

Wie in Kapitel 3 argumentiert, ist die grosse Herausforderung der Schweiz, ein integriertes, verkehrsträgerübergreifendes Mobilitätsinfrastruktursystem zu schaffen. Dafür braucht es eine Anlaufstelle beim Bund und nicht wie heute drei (ASTRA, BAV, BAZL). Das entsprechende (Personen-)Mobilitätsamt würde dazu die Visionen, die Policies und die Gesetze erarbeiten, eine saubere Gouvernanz des Mobilitätssystems auf die Beine stellen und, unter anderem, der SBB wie auch den Privatbahnen den Rahmen definieren, innerhalb dem sie planen, bauen, betreiben und das Ganze unterhalten können – überwacht von einem unabhängigen Regulator, der schaut, dass dies effizient, kundengerecht und im öffentlichen Interesse erfolgt. Mehr dazu im Schlusskapitel.

Strasse

Zur Strasse, speziell zu den Nationalstrassen, gibt es gouvernanzmässig nur einen Punkt zu beanstanden, nämlich die mangelnde Trennung zwischen Policy und Betrieb; das Problem der Regulierung wird sich erst stellen, wenn der Betrieb einmal ausgelagert ist. Bewundernswerterweise hatte das ASTRA, das Bundesamt für Strassen, die Reform der Gouvernanz der Nationalstrassen 2018 gleich selbst eingeleitet. Diese ist in der Tat mittelalterlich: Das ASTRA macht nicht nur die Policy (seine Kernaufgabe), sondern baut und unterhält die Nationalstrassen gleich selbst. Das entspricht zwar nicht genau der Realität, denn in Tat und Wahrheit werden Bau und Unterhalt outgesourct, aber dennoch ist das ASTRA letztlich für Bau und Betrieb der Nationalstrassen verantwortlich. Das ASTRA wollte Bau und Unterhalt in eine Anstalt oder besser noch ein öffentliches Unternehmen auslagern, wie bei der Bahn (SBB), der Post oder dem Telekomsektor (Swisscom). Davon hatten aber die Politiker von links (ein erster Schritt in Richtung Privatisierung) und rechts (ein erster Schritt in Richtung Mobility Pricing) Angst. Auch die verschiedenen kantonalen Strassenbauämter hatten nicht unbedingt Freude an einem Manager, der in Zukunft schwieriger politisch (via die Kantone) zu bearbeiten wäre. Und so wurde die Übung vom UVEK beerdigt, bevor sie überhaupt nur diskutiert werden konnte.

Diese und weitere institutionelle Reformen im Strassensektor werden aber angesichts des in Kapitel 3 postulierten Gütermobilitätssystems kommen müssen. Spätestens dann, wenn die Nationalstrassen vor dem Hintergrund des Klimawandels (Stichworte: Elektrifizierung und Verkehrssteuerung, inklusive Mobility Pricing) und der Digitalisierung viel aktiver betrieben werden müssen. Dazu wird es Policies, ein von der Politik unabhängiges Management der Infrastruktur und sehr wahrscheinlich eine unabhängige Regulierung brauchen – genau gleich wie in den anderen Infrastrukturen von nationaler Bedeutung (Schieneninfrastruktur, Telekominfrastruktur, Hochspannungsnetz). Beginnen muss dieser Prozess mit einer *Cargo-Vision Schweiz,* für die es aber bis heute in Bern keine Anlaufstelle, sprich kein Bundesamt gibt. Mehr dazu im Schlusskapitel.

Zivilluftfahrt

Die Zivilluftfahrt besteht aus Airlines, der Flugsicherung, wahrgenommen von Skyguide, und den Flughäfen – hier beschränkt auf die Landesflughäfen. Der nationale Flagcarrier Swissair (mit staatlicher Minderheitsbeteiligung von Anfang an) hat sich um die Jahrtausendwende selbst verabschiedet und gehört nun der Lufthansa. EasyJet Switzerland konnte dank der Slots von Swissair in Genf zur zweitgrössten nationalen Airline aufsteigen. Skyguide ist ein typisches Staatsunternehmen, das zu 99,9 Prozent dem Bund gehört. Die drei Landesflughäfen haben eine je unterschiedliche Gouvernanz. Die Zivilluftfahrt war also von Anfang an sehr fragmentiert. Dazu gesellen sich noch die wichtige Rolle des Militärs und die zentrale Rolle der EU sowohl bei der Regulierung als auch beim Betrieb der Flugsicherung, denn etwa zwei Drittel der von Skyguide betreuten Flüge sind Überflüge.

Umso wichtiger wäre also eine gute und starke Policy der Zivilluftfahrt. Aber von allen UVEK-Ämtern ist das BAZL weitaus das schwächste. Dies lässt sich geschichtlich erklären, denn das BAZL verstand sich in erster Linie als *Fazilitator* der Swissair, mit grosser Unterstützung der Politik, notabene. Das hätte sich aber spätestens mit dem Bankrott der Swissair ändern müssen. Zur Erinnerung, um die Jahrtausendwende häuften sich die Probleme in der Schweizer Zivilluftfahrt: Unfälle in Halifax (2018), Nassenwil (2000), Bassersdorf (2001) und Überlingen (2002). Sogar die EU war alarmiert und zwang den damaligen Minister Leuenberger zu einer unabhängigen Untersuchung (von den Holländern durchgeführt). Diese verortete das Hauptproblem bei der mangelnden Gouvernanz und empfahl, das BAZL aufzuteilen: Politikberatung beim BAZL, Regulierung und Überwachung bei einem unabhängigen Regulator. Als Antwort gab es, statt eines unabhängigen Regulators, *chinesische Mauern* innerhalb des BAZL (zwischen Policy und Regulierung) sowie eine neue Funktion innerhalb des UVEK, genannt CASO (Civil Aviation Safety Office); seine Hauptaufgabe ist es, dem UVEK mitzuteilen, ob das BAZL die Empfehlungen der Flugunfalluntersuchungsbehörde auch wirklich umsetzt.

Das Resultat besteht darin, dass es in der Schweiz keinen unabhängigen ökonomischen Regulator im Luftfahrtsektor gibt. Für Skyguide braucht es diesen jetzt auch nicht mehr, denn das macht zwischenzeitlich die EU via ihren Performance Review Body (PRB) gleich selbst. Dieser attestiert Skyguide hohe Effizienz, aber auch hohe Kosten für die Flugsicherung – und macht entsprechend Druck. Bei den Flughäfen ist die Situation komplexer: Die EU hat zwar eine Direktive zu den Flughafengebühren, aber deren Umsetzung muss von den nationalen Behörden durchgesetzt werden. Bei der Regulierung der Airport Slots ist das anders. Hier gelten die EU-Regeln und das BAZL kann sich aus einem vorprogrammierten Konflikt mit den betroffenen Kantonen heraushalten. Für einmal ist die EU nützlich. Es ist deshalb aus meiner Sicht fraglich, ob es das BAZL als eigenständiges Bundesamt in Zukunft noch braucht, denn die Bewirtschaftung des schweizerischen Luftraums wird zunehmend von der EU reguliert – und die drückt die Kosten. Umgekehrt betreibt Skyguide eine Infrastruktur im nationalen Interesse ohne Subventionen (der militärische Teil wird abgegolten) und der Staat muss schauen, dass Skyguide dies angesichts der im internationalen Vergleich hohen Lohnkosten, der aufwendigen Freizeitluftfahrt, aber auch der neuen Anforderungen an das Luftraummanagement (Integration der Drohnen in den Luftraum) auch langfristig kann. Dies insbesondere dann, wenn die Flugbewegungen vor dem Hintergrund des Klimawandels, zumindest meiner Meinung nach, kaum mehr zunehmen werden. Die Landesflughäfen haben natürlich ebenfalls eine grosse Nachhaltigkeitsherausforderung, aber sie müssen dies auf lokaler Ebene angehen und werden sich langfristig in ein Agglomerations-, Mobilitäts- und Nachhaltigkeitskonzept einfügen müssen, wenn sie nicht direkt von der EU reguliert werden. Mehr dazu im Schlusskapitel.

Strom

Im Stromsektor ist die Gouvernanz weitaus am besten, ja schon fast exemplarisch, und es ist zu hoffen, dass diese Gouvernanz die Stromversorgungskrise von 2022 überleben wird. Diese saubere Gouvernanz ist erstens auf den Druck der EU und zweitens auf die Tatsache zurückzuführen, dass dem Bund nichts gehört, denn das BFE muss keine Unternehmen mikromanagen, kann sich auf die Politikberatung konzentrieren und der Regulator kann unabhängig regulieren. Und so plant, baut, unterhält und betreibt Swissgrid das Hochspannungsnetz effizient und so versorgungssicher es geht – angesichts der schon fast unmöglichen Beziehungen mit der EU. Und die ElCom überwacht die Swissgrid – wie auch die Verteilnetzbetreiber – im Interesse der Konsumenten und der Versorgungssicherheit.

Die Überführung des Eigentums am Hochspannungsnetz in die Swissgrid war natürlich konfliktbehaftet. Sie war vermutlich die grösste Herausforderung an den Regulator, denn die Überlandwerke, denen das Übertragungsnetz gehörte und immer noch gehört, waren weniger auf Versorgungssicherheit und Effizienz denn auf mehr Profit aus. Und interessanterweise gehören diese Überlandwerke nicht Wall-Street-Investoren, sondern den Kantonen. Die ElCom hat diesen Prozess einigermassen gemeistert, hat aber gegen das *imperfekte Unbundling* (siehe d'Arcy und Finger, 2014) nichts machen können. Und inzwischen hat sich eines der Überlandwerke, nämlich die BKW, sowohl bei Swissgrid (als Hauptaktionärin, 35,6 Prozent) als auch beim Regulator in den Führersitz manövriert, notabene mit Unterstützung von Politik und UVEK.

Die grösste Herausforderung im Energiesektor ist gleichzeitig die grösste Herausforderung der im Prinzip sauberen Gouvernanz des Stromsektors, nämlich die Umsetzung der 2017 vom Volk beschlossenen Energiewende 2050. Diese Umsetzung ist angesichts eines fehlenden Stromabkommens mit der EU und der teilweise daraus resultierenden Stromversorgungskrise infrage gestellt, wenn nicht verunmöglicht. Und so kommt es auf politischer

Ebene zu grossem Aktionismus. Die Frage ist, wie man sowohl die (kurzfristige) Stromversorgungskrise als auch die mittelfristige Dekarbonisierung der Energieversorgung bewältigen kann, ohne die bis anhin relativ saubere Gouvernanz rückgängig zu machen (und sich so langfristig noch mehr Probleme einzuhandeln). Zum Beispiel will der Bundesrat Swissgrid, die Netzbetreiberin, mit der Bewirtschaftung einer Wasserkraftreserve (also Strom, Energie) beauftragen: Swissgrid wird so zu einem wichtigen Akteur der Stromversorgung, was zwar im Interesse der Eigentümer von Swissgrid (Stromproduzenten), aber sicher nicht im Interesse eines effizienten Betriebs des Übertragungsnetzes ist. Ganz abgesehen davon, dass dies der Anfang vom Ende des Unbundling zwischen Netz und Energie ist – was wiederum die Versorgungssicherheit beeinträchtigen wird. EU-kompatibel ist das schon gar nicht und wird uns noch weiter von einem Stromabkommen entfernen.

In Kapitel 3 habe ich als Antwort auf die neuen Rahmenbedingungen drei grosse Infrastruktursysteme postuliert, darunter ein integriertes und hoffentlich eines Tages dekarbonisiertes Energieversorgungssystem. Dieses betrifft nicht nur den Strom, sondern alle primären Energieträger. Die Energiestrategie 2050 war und ist immer noch richtig, hat aber den Transportsektor als grössten Konsumenten von fossilen Brennstoffen – und den bei einer vollständigen Elektrifizierung des Transports grössten Stromkonsumenten – beiseitegelassen. Dies gilt es bei der zukünftigen Gouvernanz der Energieversorgung des Lands zu berücksichtigen. Mehr dazu im Schlusskapitel.

Gas

Zur Gouvernanz des Gassektors ist eigentlich nicht viel zu sagen; man kann sie bestenfalls als Selbstgouvernanz bezeichnen. Die lokalen Gasverteiler, oft die Stadtwerke, haben sich selbst in Verbänden und Verbünden organisiert, die das Gas importieren und transportieren. Das BFE bleibt draussen vor, es gibt keine Policy zum Gas, und auch von Regulierung will die Branche nichts wissen. Die EU hat man sich bis jetzt vom Hals halten können, denn die Schweiz ist (fast) kein Transitland wie beim Strom, und es gibt keinen entsprechenden Druck seitens EU. Es gibt zwar eine Transitleitung, aber die Branche hat sich mit den Gasunternehmen arrangiert und so eine EU-Intervention vermieden. Auch einige schweizerische Grosskonsumenten von Gas hätten gerne einen liberalisierten Gasmarkt gehabt und ihre Lieferanten gerne selbst gewählt – und in Abwesenheit eines regulierten Marktzugangs haben sie dazu sogar das Kartellrecht bemüht. Auch hier hat sich die Branche wiederum mit den Unternehmen geeinigt. Das Ganze funktioniert ja eigentlich gut, es gibt keine Klagen und die Schweiz braucht im Gegensatz zu Europa bis jetzt fast kein Gas zur Stromproduktion. Und Gas hat man bis jetzt immer gehabt, und sogar günstig.

Zwar laboriert das BFE seit 2018 an einem Gasversorgungsgesetz; die Vernehmlassung war im Februar 2020 abgeschlossen, ans Parlament überwiesen wurde es noch nicht. Aber statt das analog zum Stromversorgungsgesetz zu gestalten, geht man in der heute vorliegenden Gesetzesvorlage wieder einmal einen eigenen Weg. Die ElCom würde darin zwar zu einer EnerCom umgetauft, denn in der EU werden Strom und Gas vom gleichen Regulator und nach genau gleichen Regeln reguliert. Aber statt der EnerCom die gleichen Kompetenzen wie im Stromsektor zu geben, behält das BFE diese regulatorischen Kompetenzen mehrheitlich bei sich selbst. Eine Inkohärenz, die eine systemische Angehensweise der Energiewende – Strom und Gas – nicht gerade erleichtert. Also, auch wenn man sich nun der Gouvernanz des Gassektors (viel zu spät) anzunehmen scheint, so macht man das ohne Kohärenz, sogar im gleichen Bundesamt.

Und jetzt haben wir urplötzlich dringenden Handlungsbedarf. Es fehlt Strom, weil wir kaum zugebaut haben und weil wir es mit der EU strommässig verdorben haben. Und man kann sich nun vorstellen, Strom aus Gas zu produzieren, entgegen allen Klimazielen. Aber seit dem Ukraine-Krieg ist Gas nicht mehr so leicht zu haben, obwohl wir in Genf alle grossen Gastrader haben. Aber Trading ist eben ein Offshore-Business und nicht ein Beitrag zur Versorgungssicherheit des Lands. So will man – siehe Aktionismus oben – mit der EU über Gasimporte verhandeln, wahrscheinlich mit einem bilateralen Abkommen, wo man doch bis heute kein Iota der EU-Gasgesetzgebungen umgesetzt hat.

Dabei wären doch eigentlich die Energiewende und die Dekarbonisierung die Herausforderung, also der Rückbau von Gas, nicht dessen Zubau.

Trotzdem bin ich der Überzeugung, dass es in der Schweiz auf absehbare Zeit noch Gas brauchen wird, erstens als Übergangsenergie und zweitens, viel wichtiger, als Beitrag zu einem resilienten Energie- und Stromversorgungssystem. Aber als Unterstützung der Energiewende und der Resilienz, nicht als deren Alternative. Dazu braucht es eine Vision eines effizienten, nachhaltigen und resilienten Energieversorgungssystems sowie entsprechende Policies und Gesetze. Diese müssen alle Energieträger umfassen – Wasserkraft, Erneuerbare, Gas und Öl – und alle Sektoren betreffen, im Minimum die Stromerzeugung, den Transport und die Gebäudeheizung. Welches Bundesamt wäre dafür die Anlaufstelle? Mehr dazu im Schlusskapitel.

Wasserversorgung und Abwasserentsorgung

Im Gegensatz zu Gas und Strom haben wir (vorläufig noch) genug Wasser und dies sogar mehrheitlich in guter Qualität. Wasserversorgung wird auf lokaler Ebene von den Stadtwerken gut gemacht. Diese regulieren sich gleich selbst, was nicht ideal ist für die Konsumenten und die Eigentümer (Gemeinden, Städte). Aber es funktioniert und Druck gibt es weder von der EU noch von Bundesbern. Die EU hätte zwar gerne ein bisschen Wettbewerb bei der Vergabe der Konzessionen an die Wasserversorger, aber diese französische Idee von PPP (Public-Private Partnerships) ist in der Schweiz noch nicht angekommen und noch viel weniger akzeptiert. Die Kantone (nicht der Bund) sind für die Wasserversorgung zuständig, und dabei gibt es eine grosse gesetzliche Vielfalt, sodass manchmal auch die Gemeinden zuständig sind. Zudem geht es nicht nur um Trinkwasser, sondern auch um das Wasser für die Stromproduktion, womit sich die Bergkantone und manchmal auch die Gemeinden eine goldene Nase verdienen. Die Kompetenz des Bunds ist aber bis heute mehr oder weniger auf Hydrologie und Gewässerschutz beschränkt. Eine ein bisschen kohärentere Gouvernanz der Wasserversorgung und Abwasserentsorgung wäre also sicher nicht schädlich.

Vor dem Hintergrund des Klimawandels wird es früher oder später eine Wasservision und eine Wasser-Policy für die Schweiz brauchen, denn Wasser wird zu einem kostbaren Gut werden. Und diese Policy muss alle Gebräuche von Wasser (Landwirtschaft, Industrie, Haushalte) und alle Ressourcen

(Flüsse, Grundwasser, Seen) beinhalten und auch definieren, wer wofür zuständig ist. Vielleicht könnte man sich von der im Jahr 2000 verabschiedeten Wasserrahmenrichtlinie der EU inspirieren lassen, denn irgendwann müssen wir diese sowieso übernehmen, nicht weil sie von der EU kommt, aber weil sie das bisher beste Instrument des Umgangs mit der Ressource Wasser ist. Das heisst nicht, dass das Wasser dem Bund gehören und die Wasserversorgung in einem Staatsbetrieb von Bern aus gemacht werden muss. Der Bund muss lediglich den gesetzlichen Rahmen vorgeben, der eine gewisse Kohärenz in das Ganze bringt, und zwar nicht nur bei der Wasserqualität, wie das schone heute der Fall ist, sondern auch bei der Wasserentnahme (Quantität, mehr als nur eine Regelung zum Restwasser), den Konzessionen (Dauer, Abgeltung) und der Preisberechnung (Konsumentenschutz). Die konkrete Wasserversorgung und -entsorgung müsste aber, wie in Kapitel 3 argumentiert, im Rahmen von dezentralisierten, jedoch integrierten Ressourcenbewirtschaftungssystemen angegangen werden. Mehr dazu im Schlusskapitel.

Institutioneller Umgang mit den neuen Rahmenbedingungen

Aus dem obigen Teil wird klar, dass wir die saubere und kohärente institutionelle Umsetzung der von der Liberalisierung resultierenden Herausforderungen an die Infrastrukturen nicht wirklich geschafft haben. In diesem Teil will ich nun analysieren, wie wir bis anhin mit den Herausforderungen, die nach der Liberalisierung auf die Schweiz zukamen, auf institutioneller Ebene umgegangen sind. Mit anderen Worten, wie haben unsere Institutionen auf die neuen Rahmenbedingungen, die durch Verdichtung und Verstädterung, den Klimawandel, die Digitalisierung und die Europäisierung der Infrastrukturen geschaffen worden sind, bis heute reagiert?

Verdichtung, Verbauung und Verstädterung

Die Verdichtung, Verbauung und Verstädterung des Lands ist, wie wir gesehen haben, eine Herausforderung für alle Infrastrukturen und auf allen politischen Ebenen: Die Post, zum Beispiel, findet keine Standorte mehr für ihre Sortierzentren und ist in der Paketverteilung in den Städten stark gefordert, genau wie alle anderen Logistikunternehmen. Die Swisscom braucht Standorte für ihre 5G-Antennen, wo es keinen Widerstand der Bevölkerung gibt. Platzmangel und lokalen Widerstand gibt es ebenfalls beim Bahn-, Strassen- und Flughafenausbau. Ebenso beim Hochspannungsnetz, das die Bevölkerung auch am liebsten unter dem Boden hätte. Aber unter dem Boden ist es erheblich teurer und es hat auch dort immer weniger Platz, sodass sich ein Stromkabel oder eine Fernwärmeleitung in die bereits existierenden Gas-, Wasser- und Abwasserleitungen integrieren muss, wenn es nicht gerade aus Landschaftsschutzüberlegungen unter die Rhone oder die Aare muss.

Trotzdem gehen wir auf Bundesebene mit der Verstädterung viel professioneller um als mit den anderen drei neuen Rahmenbedingungen: Auf Bundesebene haben wir seit 1979 ein Raumplanungsgesetz und seit 1980 ein Bundesamt für Raumplanung. Im Jahr 2000 wurden ebenfalls die Verkehrsthemen und die nachhaltige Entwicklung ins Bundesamt integriert, das gleichzeitig in *Bundesamt für Raumentwicklung* (ARE) umbenannt wurde. Das wichtigste Instrument des ARE im Bereich der Infrastrukturentwicklung sind die sogenannten *Sachpläne* und diese betreffen die *raumwirksamen Tätigkeiten des Bunds,* insbesondere die Nationalstrassen, die Eisenbahnanlagen, die Anlagen für den zivilen Luftverkehr und die Stromnetze. Hier hat der Bund die Planungshoheit. Das ARE koordiniert diese, aber die Federführung haben das ASTRA (Strassen), das BAV (Bahn), das BAZL (Zivilluftfahrt) und das BFE (Strom), die logischerweise «ihre» nationalen Infrastrukturen weiterentwickeln wollen, wie gesagt nicht immer optimal aufeinander abgestimmt. Auf Gemeinde-, aber vor allem auf Kantonsebene wird ebenfalls viel geplant, und zwar fast alles andere, denn wir sind in einem sehr föderalistischen Staat, in dem die Kantone das Sagen haben (nicht nur bei der Raumplanung). Seit 1979 müssen die Kantone sogenannte Richtpläne erarbeiten, die dann der Bundesrat genehmigt. Die Übung *Richtplan* wurde 2014 nach der Annahme des indirekten Gegenvorschlags (2013), der von den Initianten zurückgezogenen *Landschafts(schutz)initiative* zwar verschärft, aber am Schluss bleiben die Kantone die Herren ihres Territoriums – und Bern der Vogt. Art. 75 des revidierten Raumplanungsgesetzes (2014) redet da Klartext: *Der Bund legt die Grundsätze fest, versucht (sic!) das Bauen im Nichtbaugebiet zu begrenzen und koordiniert die Raumplanung der Kantone.* Auf Kantons-, aber auch auf Stadt- und auf Gemeindeebene wird zwar geplant, aber vor allem viel gebaut. Das alles funktionierte auch gar nicht so schlecht, solange es genügend Raum zum Bauen gab. Aber heute sind die meisten Kantone verbaut und sind ihrerseits zu Agglomerationen, diese zu fünf Metropolitanräumen und das ganze Land zu einer einzigen Metropolitanregion zusammengewachsen.

Kurzum, für den Umgang mit der Verdichtung, der Verbauung und der Verstädterung ist die Schweiz institutionell heute immer noch nicht wirklich gut aufgestellt, aber da kann das ARE nur gute Miene zum bösen Spiel machen. Dazu kommt, dass alle Landesteile in Sachen Infrastruktur und vor allem verkehrsmässig bestens erschlossen sind; auch der ländliche Raum ist nämlich heute gut entwickelt. Gut funktionierende lokale Infrastrukturen wie Strom-, Telekom- sowie Wasserversorgung und -entsorgung stellen sicher, dass die Leute auch zufrieden sind, wenn sie einmal aufs *Land* – das heisst in die Agglomeration – gezogen sind. Nachfolgend werden, so hofft man, dezentralisierte Arbeitsplätze geschaffen, denn die (Stadt-)Planer träumen von der *15-Minuten-Stadt,* in der Arbeitsplätze, Kinderkrippen, Fitness, Shopping und alles andere in 15 Minuten erreichbar ist. Aber leider funktioniert das nicht so: Das entscheidende Kriterium fürs Pendeln ist das eingeplante Zeitbudget, und das ist immer das Gleiche. Dank der gut ausgebauten Verkehrsinfrastrukturen kann man nun noch weiter aufs *Land* hinausziehen und gleich lange pendeln.

Wann ist genug gebaut? Zum Beispiel wenn die physischen Grenzen erreicht sind, das heisst, wenn man kein Wasser mehr hat, wie neulich in einer Gemeinde im Kanton Jura. Und wer sagt, wann genug gebaut ist? Die lokale Bevölkerung? Aber diese wehrt sich generell gegen konkrete lokale Projekte. Oder wenn es eine Volksinitiative gibt, à la Lex Weber? Bemerkenswerterweise hat das ARE vor 15 Jahren die sogenannten Agglomerationsprogramme ins Leben gerufen, mit denen lokale, aber auch kantonsübergreifende und sogar landesgrenzenübergreifende Projekte der Raumentwicklung gefördert werden. Damit hat sich das ARE ein Instrument gegeben, um auf dezentraler Ebene die Probleme der Verdichtung proaktiv anzugehen und den Kantonen bei der *Koordination* untereinander ein bisschen nachzuhelfen. Das neueste, im Sommer 2022 in die Vernehmlassung geschickte Agglomerationsprogramm will deshalb die Entwicklung von Mobilitätshubs (das ARE nennt sie *Verkehrsdrehscheiben*) unterstützen. Das geht natürlich in die genau richtige Richtung, müsste aber vom Bund viel entschiedener angegangen und auch von den Kantonen viel aktiver unterstützt werden.

Nachhaltigkeit und Dekarbonisierung

Nachhaltigkeit und Dekarbonisierung werden oft als Synonym verwendet, aber das ist nicht richtig. Dekarbonisierung ist einfach ein Beitrag zur Nachhaltigkeit, wenn auch ein ganz wichtiger. Die grösste Bedrohung für die Nachhaltigkeit ist der Klimawandel. Nachhaltigkeit ist umfassender, denn sie umfasst ebenfalls die Biodiversität, die Wasserverfügbarkeit, die Fruchtbarkeit der Böden, Verschmutzungen, die Ressourcenbewirtschaftung und vieles andere mehr. All dies, das heisst das langfristige Überleben unserer Zivilisation, ist durch unser unnachhaltiges Umgehen mit unsrer Umwelt bedroht. Der Klimawandel verstärkt und beschleunigt all diese Bedrohungen. Die technische Antwort auf den Klimawandel ist die Dekarbonisierung. Dies ist natürlich sehr vereinfachend, aber lassen wir das mal.

Niemand hat bis jetzt eine klare Idee, wie wir eine wirklich nachhaltige Zivilisation oder Gesellschaft bewerkstelligen können, und noch weniger haben wir eine Idee, wie wir diese nachhaltige Zivilisation mit dem Wirtschaftswachstum in Einklang bringen können. Gouvernanzmässig sind wir dabei sehr sektoriell unterwegs und unternehmen sektoriell sehr viele Anstrengungen, um mit dem Wasser haushälterischer umzugehen, um die Biodiversität zu schützen, die Abfälle zu recyceln, die Böden und die Luft weniger zu belasten, die Wälder zu managen usw. Es gibt auch eine Nachhaltigkeitsstrategie des Bunds und Strategien von Kantonen und Städten, in denen die übergeordneten Nachhaltigkeitsziele auf die verschiedenen Sektoren und die verschiedenen Akteure heruntergebrochen werden. Es gibt Gesetze, Verbote, Incentives, Standards, Normen usw. Und es gibt das Gleiche ebenfalls nochmals auf Ebene der EU und natürlich auf der Ebene der UNO (17 Ziele für eine nachhaltige Entwicklung). In Kapitel 3 habe ich argumentiert, dass eine rein sektorielle Angehensweise nicht genügen wird und dass wir deshalb eine viel integriertere und viel systemischere Angehensweise der

Nachhaltigkeit brauchen. Diese wird wahrscheinlich bottom-up entwickelt werden müssen, angefangen bei der integrierten Bewirtschaftung der Ressourcen und der Infrastrukturen auf Gemeinde-, Stadt- und vor allem Agglomerationsebene.

Konzentrieren wir uns hier auf die Dekarbonisierung – die unmittelbare technologische Antwort auf den Klimawandel – eine Antwort, die sich die UNO (*Paris-Abkommen*), die EU (*Fit for 55*) und auch die Schweiz auf die Fahne geschrieben haben, also *Netto-Null* bis 2050. Wie bereits gesagt müssen generell vier grosse Bereiche dekarbonisiert werden, nämlich der Transport, die Gebäudeheizung, die Energie und die Industrie. Konzentrieren wir uns hier einmal auf die Infrastrukturen, also Transport, Gebäude und Energieproduktion, und schauen wir das gouvernanzmässig an: Wer ist für die Dekarbonisierung dieser drei Infrastrukturen in der Schweiz zuständig? Das BFE ist zuständig für Energie, hat sich aber mit der Energiestrategie 2050 auf die Elektrizität und ein bisschen auf die Gebäudeheizung fokussiert. Aber bei den Gebäuden sind wir bei der Zuständigkeit der Kantone (siehe Raumentwicklung oben). Die Elektrizität ist bereits dekarbonisiert, also konzentriert sich das BFE auf das Zubauen von erneuerbaren Energien, die bei der heutigen Ausbaugeschwindigkeit für die Kompensation der auslaufenden Kernkraftwerke bei Weitem nicht reichen, ganz zu schweigen von dem Strom, der für die geplante Elektrifizierung des Verkehrs gebraucht werden wird. Für die Dekarbonisierung der Gebäudeheizungen werden Effizienzmassnahmen, aber auch Wärmepumpen empfohlen, die wiederum Strom brauchen, den wir nicht haben. Die Energiestrategie 2050 ist also keine Nachhaltigkeitsstrategie (was sie auch nie sein wollte), aber sie ist auch nicht eine Dekarbonisierungsstrategie, denn sonst hätte man die Dekarbonisierung des Verkehrs, des grössten Emittenten von CO_2 in der Schweiz, direkt angehen sollen. Der Verkehr ist aber im ASTRA, und das kümmert sich nicht um die Dekarbonisierung, hingegen jetzt neulich um die Elektrifizierung. Und die nachhaltige Entwicklung ist im ARE, wie wir oben gesehen haben, aber das ist mit dem Versuch der Koordination der Bautätigkeiten der Kantone schon genügend beschäftigt. Und auch das 2021 vom Volk versenkte CO_2-Gesetz hätte kaum mehr institutionelle Kohärenz und Leadership gebracht, denn es bestand lediglich aus einer Liste von Massnahmen, die zur Abarbeitung an die verschiedenen Bundesämter delegiert worden wären, also die Flugticketabgabe ans BAZL, die Gebäudesanierung ans BFE, die energieeffizienteren Fahrzeuge ans ASTRA, und die Koordination des Ganzen an …?

Aber vielleicht sollte man die Umsetzung der Dekarbonisierungsziele, die heisse Kartoffel, einfach an die Kantone und die Städte weiterreichen respektive ihnen auferlegen. Diese würden dank grosser buchhalterischer Anstrengungen erklären, dass sie 2050, oder schon vorher vollständig dekarbonisiert sein werden, wenn sie es nicht schon heute sind. So etwa sieht die nicht ganz ermutigende Gouvernanz der Dekarbonisierungsherausforderungen in der Schweiz heute aus.

Digitalisierung

Bei der Gouvernanz der Digitalisierungsherausforderungen in der Schweiz sieht es leider nicht besser aus, ganz im Gegenteil. Nachhaltigkeit und Dekarbonisierung als Herausforderungen sind zumindest im Bewusstsein der Bevölkerung, der Industrie und der Politik angekommen und entsprechende Schritte sind eingeleitet. Das kann man bei der Digitalisierung nicht sagen. In Kapitel 3 habe ich die Herausforderungen der Digitalisierung für die Infrastrukturen und teilweise auch ein bisschen genereller aufgezeigt. Wenn die Digitalisierung in der Schweiz überhaupt als Thema wahrgenommen wird, dann als Cyberrisiko, vor allem die Risiken der *kritischen Infrastrukturen*. Damit sind diejenigen Infrastrukturen gemeint, die besonders auf Hackerangriffe anfällig sind, wie das Elektrizitätsnetz oder auch das Telekomnetz. Bei diesen Risiken ist man sicher auf Bundesebene am weitesten fortgeschritten: Seit 2012 gibt es eine nationale Strategie zum Schutz der Schweiz vor Cyberrisiken (NCS), neu aufgelegt für die Periode 2018 bis 2022. Diese formuliert sieben Ziele, zehn Handlungsfelder und viele Massnahmen, die über die ganze Bundesverwaltung verteilt sind. Als Nächstes stehen nun die Schaffung eines Bundesamts für Cyberrisiken und damit die Diskussion über die institutionellen Verankerungen eines solchen Amts an. Mehr dazu im nächsten Kapitel.

Der Schutz der Privatsphäre im Zeitalter der Digitalisierung ist das andere Thema, das bei der Bevölkerung angekommen ist. Dafür gibt es zumindest eine Anlaufstelle, nämlich den Datenschutzbeauftragten, der direkt dem Bundesrat rapportiert. Der moniert aber die mangelnden gesetzlichen Grundlagen, ohne die er nicht viel machen kann. Datenschutz und Cyberrisiken sind klar Bundessache – und dies wird auch nicht hinterfragt. Aber bei allen anderen Themen sind wir wieder beim Föderalismus, so zum Beispiel beim leidigen Thema E-Government, bei der elektronischen Abstimmung und beim elektronischen Patientendossier (e-health Schweiz), bei dem sich Bund und Kantone sowie die Kantone untereinander konkurrenzieren und gegenseitig ausbremsen, sodass wir in diesen Bereichen im internationalen Vergleich stark ins Hintertreffen geraten sind.

Und weil wir in den internationalen Rankings zur Digitalisierung gelinde gesagt nicht gerade gut abschneiden, hat der Bundesrat nach vielen Fragen im Parlament Mitte der 2010er-Jahre beim UVEK eine Strategie *Digitale Schweiz* bestellt. Dieses hat den Auftrag an das BAKOM weitergereicht. Wieso auch nicht, denn als Telekombundesamt ist das BAKOM mit der Digitalisierung zumindest in Berührung gekommen. 2016 hat dann das BAKOM diese Strategie präsentiert: Es handelt sich um eine Shoppinglist von 111 Massnahmen, die irgendwo in den 90 Bundesämtern in der Schublade liegen oder schon in Angriff genommen worden sind. Keine Dachorganisation, keine gemeinsame Stossrichtung, kein gemeinsames Verständnis, was die Digitalisierung ist, nicht ist, leisten kann oder auch nicht. Von Gefahren und Herausforderungen keine Spur, nur Opportunitäten, die bereits erkannt und vom jeweiligen Amt mutig in Angriff genommen worden sind oder demnächst in Angriff genommen würden, falls ein entsprechendes Budget gesprochen würde.

2020 kam eine Neuauflage, zumindest mit der Empfehlung, den Umgang mit der Digitalisierung in der Bundeskanzlei zu zentralisieren. Das macht Sinn: Die Bundeskanzlei ist kein Ministerium, das gegen ein anderes Ministerium kämpft und ist auch keines der 90 Bundesämter, die sich gegen ein anderes Bundesamt abgrenzen müssen. Und so wurde innerhalb der Bundeskanzlei auf den 1. Januar 2021 eine Abteilung mit dem Namen DTI für Digitale Transformation und IKT-Steuerung geschaffen. Ihr wurde aber gleichzeitig ebenfalls die Digitalisierung der Bundesverwaltung aufgetragen. Seither ist DTI mit operationellen Aufgaben beschäftigt und hat für strategische Fragen kaum noch Zeit. Parallel dazu haben Bundesrat und Kantonsregierungen zusammen am 1. Februar 2022 eine neue Organisation, genannt DVS für Digitale Verwaltung Schweiz, geschaffen. Diese ist beim Generalsekretariat des Eidgenössischen Finanzdepartements (EFD) angesiedelt und darf jetzt die verschiedenen digitalen Initiativen der Kantone koordinieren.

Aber das Parlament stellt weiterhin Fragen, und so hat der Bundesrat zwei Berichte in Auftrag gegeben: einen zur digitalen Selbstbestimmung und einen zum digitalen Service public. Der erste wurde gemeinsam vom EDA und vom BAKOM bearbeitet und geht von der naiven Idee aus, dass die Welt auf schweizerische, das heisst *vertrauenswürdige Datenräume* gewartet hat, analog Bankentresors. Keine Referenz zu den im Aufbau begriffenen Datenräumen der EU oder GDPR oder sonst irgendeiner EU-Gesetzgebung. Stattdessen die Idee, dass man einen global gültigen *Code of Conduct* unterschreiben kann, den dann die Unternehmen zwar freiwillig, aber natürlich mit grossem Enthusiasmus umsetzen werden – und so ein Swiss Digital Trust Label abkriegen, zertifiziert von der SGS, dem globalen Zertifizierungsunternehmen mit Sitz in Genf. Aus dem anderen Bericht zum Digitalen Service public hätte theoretisch etwas werden können, denn es handelt sich um eine originelle Idee, bei der die Schweiz einen originellen Beitrag hätte leisten können. Das BAKOM wurde vom Bundesrat beauftragt, den entsprechenden Bericht zu schreiben. Ob es im digitalen Zeitalter einen Service public braucht, wie dieser eventuell aussehen würde und wer ihn erbringen könnte oder sollte, wird darin leider nicht behandelt. Stattdessen wird die vom BAV in die Welt gesetzte Idee von schweizerischen Dateninfrastrukturen unkritisch übernommen.

Zur Erinnerung, das BAV präsentierte bereits anfangs 2022 einen neuen Entwurf (der erste Entwurf wurde 2018 in der Vernehmlassung gekillt) eines Mobilitätsdateninfrastrukturgesetzes (MODIG): Aus Frustration mit der SBB, die es auch nicht fertig bringt, ein integriertes digitales Mobilitätsangebot auf die Beine zu stellen, und der Politik, die es ihrerseits nicht fertig bringt, die Mobilität systemisch zu denken, prescht das BAV vor und behauptet, dass Mobilitätsdaten jetzt, *neben der Strasse und der Schie*ne (sic!), eine neue, dritte Infrastruktur darstellen. Und es sieht es als seine (öffentliche)

Mission, eine solche Infrastruktur von Mobilitätsdaten zu schaffen, die dann gratis den (globalen) digitalen Plattformen zur Verfügung gestellt wird. Diese werden, so die Hoffnung, innovative Mobilitätslösung auf die Handys der Schweizer schalten, sozusagen als Beitrag zum digitalen Service public. Dass damit der Service public gerade untergraben und umgekehrt die Kuckucksökonomie befördert wird, steht leider nirgends, weder im erläuternden Text zu MODIG noch im Bericht zum digitalen Service public (siehe ebenfalls Kapitel 2).

Kurzum, weil es im Bereich der Digitalisierung in der Schweiz kein Leadership und keine klare institutionelle Verantwortung gibt, handeln hochmotivierte Ämter und Kantone auf eigene Faust – und entwickeln so oft ganz interessante Projekte, die jedoch nie flächendeckend umgesetzt werden und schon gar nicht zu einer kohärenten Strategie zum Umgang mit der Digitalisierung führen. Vielmehr verheddern wir uns immer mehr, das Ganze wird immer komplexer und immer unübersichtlicher. Währenddessen schreitet die EU voran: GDPR (2016), EU Data Strategy (2020), Digital Governance Act (2020), Digital Markets Act (2022), Digital Services Act (2022), und nun der Data Act (2022), in dem die EU die neun für die Wettbewerbsfähigkeit zentralen Datenräume definiert – inklusive Mobilitäts- und Energiedatenraum –, die wir dann übernehmen müssen.

Europäische Union

Die gleichen Koordinationsprobleme zwischen den Bundesämtern sowie zwischen Bund und Kantonen stellen sich natürlich auch im Umgang mit der EU. Die bilaterale, silomässige Vorgehensweise ging ja noch einigermassen gut, denn sie entsprach unserer eigenen Struktur. Und so sind wir 2002 zu einem Landesverkehrs- und zu einem Luftverkehrsabkommen gekommen. Aber ein bilaterales Stromabkommen haben wir schon nicht mehr geschafft, und es ist jetzt auch zu spät dafür. Die EU will nun ein Rahmenabkommen und geht auch selbst nicht mehr so silomässig vor wie früher, denn auch für sie sind Dekarbonisierung und Digitalisierung die neuen Querschnittsthemen und sie will jetzt auch eine systemischere Angehensweise. Wir haben zwar eine Direktion für europäische Angelegenheiten mit einer Staatssekretärin, aber sie kann weder gegen die verbreitete Euroskepsis noch gegen die mangelnde landesinterne Koordination etwas tun.

Aber im Infrastrukturbereich wird man nicht um die EU herumkommen, und zwar nicht nur beim Strom, sondern bei der gesamten Energieversorgung, der Mobilität und der Digitalisierung, um nur bei den Infrastrukturen zu bleiben. Und weil man auf politischer Ebene voraussichtlich noch auf längere Zeit nicht weiterkommen wird, kann man nur den technokratischen Weg gehen, und der führt über gute und persönliche Beziehungen direkt in die Kommission hinein. Und die haben wir – zumindest in den Infrastrukturen, vor allem bei den Bundesämtern – kaum bis überhaupt nicht. Auch haben wir nicht, wie die anderen EU-Länder, unsere eigenen Landsleute, die sich in der Kommission hochgearbeitet haben – und die man zumindest anrufen könnte, um auf dem neuesten Stand der Entwicklungen zu sein.

Gründe für unsere Gouvernanzprobleme

Was sind die Gründe für unsere Schwierigkeiten, eine institutionell saubere Antwort auf die neuen Rahmenbedingungen zu erarbeiten? Das sind natürlich die gleichen Gründe, aus denen wir schon so dilettantisch auf die Herausforderungen der Liberalisierung reagiert haben. Und die genau gleichen Gründe werden uns ebenfalls Schwierigkeiten bereiten, wenn wir unsere Infrastrukturen in Zukunft als Infrastruktursysteme und nicht als Silos bewirtschaften wollen. Ich werde dazu im Schlusskapitel konkrete Empfehlungen machen.

In diesem Schlussteil werde ich die beiden wichtigsten unterliegenden Gründe für unsere Probleme beim institutionellen Umgang mit neuen Herausforderungen so klar und so unumwunden wie möglich aufzeigen. Es handelt sich dabei nur um eine persönliche Einschätzung, die auf meinen Erfahrungen im Umgang mit der Liberalisierung der Infrastrukturen und im Umgang mit den vier neuen Rahmenbedingungen aufbaut. Ich bin mir bewusst, dass die Analyse eventuell nicht alle Leser zu spontanem Applaus motivieren wird, denke aber, dass es wichtig ist, diese unterliegenden Gründe zumindest zu diskutieren, denn ich fürchte, dass sie uns nicht nur beim zukünftigen Umgang mit den Infrastrukturen, sondern auch bei der Weiterentwicklung des Lands generell handicapieren werden.

Und damit dies von Anfang an klar ist: Die direkte Demokratie ist aus meiner Sicht kein Handicap. Die Probleme liegen anderswo, nämlich einerseits beim Föderalismus und andererseits bei der Macht der Verwaltung (und der Schwäche der Politik) in Bundesbern, was wiederum mit dem Föderalismus zusammenhängt. Mit anderen Worten, unser grösstes institutionelles Handicap ist die aus dem Mittelalter stammende föderalistische Struktur der Schweiz, die natürlich überhaupt nicht mehr zur Schweiz als Metropolitanregion passt. Von allen föderalistischen Ländern der Welt – etwa ein Viertel aller Länder – ist die Schweiz sicher ein Extrem, denn nur die Vereinigten Arabischen Emirate sind noch föderalistischer. Diese werden aber von autokratischen Scheichs regiert und nicht von Kantonsregierungen und -parlamenten. Ich will auch nicht behaupten, dass der Föderalismus in der Vergangenheit schlecht war; im Gegenteil, er hat der Schweiz während des Wachstumsbooms der Nachkriegszeit zu grosser Dynamik, Innovationskraft und weltweiter Anerkennung verholfen. Die föderale Struktur des Lands schuf nicht nur eine gewisse Wettbewerbsdynamik unter den Kantonen, sondern führte ebenfalls zu einer gewissen wirtschaftlichen Resilienz: Die Kantone haben sich teilweise auf gewisse Industriezweige spezialisiert und so viele globale Unternehmen und internationale Arbeitskräfte angezogen. Die Schweiz ist heute sicher eines der weltoffensten und global am besten vernetzten Länder der Welt. Kurzum, Neutralität, geografische Lage und Spezialstatus innerhalb Europas, Föderalismus, Innovationskraft und Internationalität waren zweifellos die Faktoren, die der Schweiz während der letzten 70 Jahre zum Erfolg verhalfen, abgesichert natürlich durch gute Infrastrukturen.

Aber man hat es leider verpasst, den Föderalismus weiterzuentwickeln. Stattdessen hat man den Kantönligeist bis zum Äussersten zelebriert und so getan, als ob unsere kulturelle Vielfalt – zweifellos ein Reichtum – von der politischen Autonomie der Kantone abhänge. Statt sich der Globalisierung anzupassen, hat jeder Kanton versucht, für sich selbst das Beste und vor allem das Lukrativste aus dieser Globalisierung herauszuholen – also Öl und Gas in Genf, Rohstoffe in Zug, Banken in Zürich und im Tessin, Pharma in Basel usw. –, letztlich zum Schaden der gesamten Schweiz. Einig waren (und sind) sie sich nur darin, die Politik in Bundesbern an der kurzen Leine zu halten und dank der Umverteilungsmaschinerie im National- und vor allem im Ständerat jeweils noch mehr für sich selbst herauszuholen. Wir sind halt immer noch mehr ein *Staatenbund* als ein *Bundesstaat*. Das Problem dabei ist, dass wir das nicht ändern können, denn dazu braucht es wiederum das Ständemehr, das heisst die Zustimmung der Kantone; diese können sich aber nie einigen, denn sie sind zu heterogen, um jemals einen gemeinsamen Nenner zu finden … ausser dem einen, dass Bundesbern nicht in ihre internen Angelegenheiten reinreden soll.

Und diese von den Kantonen gewollte Schwäche der Politik in Bundesbern führt direkt zur Macht der Verwaltung. Auch dieses institutionelle Phänomen ist bestens bekannt: Föderalistische Länder haben tendenziell eine gut ausgebaute Verwaltung – und vor allem eine Verwaltung, die es über die Zeit fertigbringt, sich der politischen Kontrolle zu entziehen. Und hier ist die Schweiz wiederum ein Champion, wird sie doch in der Literatur als *Verwaltungsstaat* qualifiziert. Mit anderen Worten, die Verwaltung und nicht die Politik regiert. Aber die Verwaltung regiert eben auch nicht, sondern jubelt der Politik ihre (in der vor der Politik geschützten Werkstatt entwickelten) Ideen unter. Und weil die Politik die Verwaltung nicht führt (sondern umgekehrt), enden diese Ideen irgendeinmal in einem Gesetzestext. Aber vor allem organisiert sie sich selbst so, wie es ihr am besten passt, das heisst so, dass sich die verschiedenen Verwaltungseinheiten – die 90 Bundesämter – untereinander am wenigsten wehtun. Das Ganze verfestigt und versteift sich über die Zeit, die verschiedenen Verwaltungssilos blasen sich selbst auf – und machen am Schluss ähnliches Zeug wie die anderen Verwaltungseinheiten. Also zum Beispiel Digitalisierung in fast jedem Bundesamt. Als Konsequenz müssen sie sich ständig koordinieren und verbringen einen grossen Teil ihrer Zeit in Koordinationssitzungen, auch um sicherzustellen, dass sie sich nicht wehtun.

Damit kritisiere ich niemanden persönlich, denn es handelt sich dabei um reine Organisationsphänomene, die von der Organisationssoziologie schon zur Genüge analysiert und dokumentiert worden sind. Dies ist eine Entwicklung, die in allen Organisationen grassiert, die nicht geführt werden, auch in der Privatwirtschaft. Jedes Silo bläst sich selbst auf und verwendet einen grossen Teil (und am Ende der Entwicklung den grössten Teil) seiner Energie und Ressourcen darauf, sich von den anderen Silos abzugrenzen. Und im Zug der Liberalisierungsdynamik der Infrastrukturen der 1990er-Jahre, zum Beispiel, verwendeten die Bundesämter ebenfalls grosse Energie darauf, den Politikern zu erklären, dass es neben den Ämtern keinen Platz für unabhängige Regulatoren gebe. All das ist nicht nur unproduktiv, sondern auch kontraproduktiv. Die verschiedenen Verwaltungssilos in Bundesbern – das heisst die knapp 90 Bundesämter – haben sicher in irgendeinem Stadium des Nachkriegsbooms der Schweiz Sinn gemacht. Aber machen sie noch Sinn angesichts der Herausforderungen, vor denen wir heute stehen?

In letzter Konsequenz führt diese Entwicklung zu einer *blockierten Organisation,* die sich aus sich heraus nicht mehr ändern kann (Crozier, 1963). Änderungen können nur noch von aussen kommen und sind zwangsweise konfliktbeladen. Mit anderen Worten, der Bundesrat müsste auf den Tisch klopfen, angefangen in seinem eigenen Departement. Aber dafür ist er zu schwach, denn er besteht – und das ist so gewollt – nur aus sieben Personen, die jeweils viel zu viele Ämter und ein mikroskopisches Generalsekretariat haben, um diese zu führen. In einem *normalen* Land bestände allein das UVEK, das Infrastrukturministerium, aus mindestens vier Ministerien (Energieministerium, Umweltministerium, Transportministerium, Telekommunikationsministerium). Und für den Fall, dass ein Bundesrat trotzdem einmal sein Departement reorganisieren möchte, haben sich die Bundesämter schon lange im Parlament und ihre Direktoren schon lange bei ihren jeweiligen Parteien abgesichert.

Und so sind wir zu einem blockierten Land geworden, das sich nur noch unter massivem und notwendigerweise konfliktbeladenem Druck von aussen verändern kann … und steuern ähnlich den Lemmingen auf das Kliff zu. Wie wird sich der heilbringende Schock manifestieren? Braucht es einen Verkehrskollaps? Eine Hitzewelle? Oder eher ein Digitalisierungschaos? Oder wird es reichen, wenn uns die EU einfach in unsere selbstverschuldete Stromkrise schlittern lässt? Um dies und Ähnliches noch rechtzeitig zu vermeiden, werde ich im Schlusskapitel ein paar Empfehlungen an die aus meiner Sicht relevanten Akteure machen, damit zumindest die Infrastrukturen, die Grundlage für das Funktionieren unserer Wirtschaft, unserer Gesellschaft und von allem anderen (in der weiterhin blockierten Gesellschaft) funktionsfähig gehalten werden können.

Kapitel 6

Empfehlungen an die Akteure

Das zentrale Argument meines Buchs ist, dass die Schweiz heute realistischerweise als eine grosse Metropolitanregion zu betrachten ist. Diese besteht ihrerseits aus fünf Metropolitanräumen – nämlich dem Arc Lémanique, der Regio Mitteland, der Euro-Regio Basel, dem Grossraum Zürich und der Region Ticino-Lombardia, drei davon grenzübergreifend –, die ihrerseits aus Agglomerationen zusammengesetzt sind. Diese Realität eines zunehmend verdichteten, verbauten und verstädterten Lands, kombiniert mit den neuen Rahmenbedingungen und Herausforderungen des Klimawandels, der Digitalisierung, aber auch der Europäisierung der Infrastrukturen – so mein Argument – zwingt uns, die verschiedenen Infrastrukturen in Zukunft als Systeme und nicht mehr als Silos zu bewirtschaften. Nur mit einer solchen systemischen Angehensweise werden wir in der Lage sein, unsere existierenden Infrastrukturen auf die neuen Herausforderungen zu trimmen, nämlich sie effizient, nachhaltig und resilient im Interesse von Wirtschaft und Gesellschaft zu planen, zu bauen, zu betreiben, zu unterhalten und zu regulieren. Ich habe vier solche staatstragende Infrastruktursysteme identifiziert, nämlich ein Energieversorgungssystem, ein Personenmobilitätssystem, ein Gütermobilitätssystem und ein dezentrales Ressourcenbewirtschaftungssystem – und die digitalen Plattformen als eine neue Form von Infrastrukturen.

Diese neue systemische Angehensweise ist meiner Meinung nach weniger eine technologische als vielmehr eine institutionelle Herausforderung, nämlich eine Herausforderung an die Gouvernanz, mit der wir schon bei der Liberalisierung der traditionellen Infrastruktursilos grosse Mühe hatten. Die institutionelle Herausforderung besteht darin, die heute in den Infrastrukturen tätigen Akteure – das heisst die zuständigen politischen Behörden auf Bundes-,

Kantons und Gemeindeebene, die Infrastrukturunternehmen, die Verwaltung, die Regulatoren, die Zivilgesellschaft und die Universitäten – dazu zu bringen, von diesen Infrastruktursystemen her zu denken und entsprechend zu handeln. Das Schlusskapitel befasst sich deshalb mit dieser institutionellen Herausforderung. Meine Angehensweise an diese institutionelle Problematik baut auf der institutionellen Ökonomie auf; mit anderen Worten, die Verantwortlichkeiten müssen unzweideutig definiert und den verschiedenen Akteuren so zugeteilt werden, dass sich so wenig Zuständigkeitskonflikte wie nur möglich ergeben – als eine rein technische oder technokratische Angehensweise. Dies wäre natürlich die idealste Form der Gouvernanz der Infrastruktursysteme. Umgekehrt muss ebenfalls von den bereits existieren Akteuren ausgegangen werden, sodass die Annäherung an diese ideale Form der Gouvernanz als Transformationsprozess gesehen und umgesetzt werden muss. Um zu den Empfehlungen an die relevanten Akteure, insbesondere ans UVEK, zu gelangen, gehe ich in zwei Schritten vor: In einem ersten Schritt gilt es, die institutionelle Verantwortung für die jeweiligen physischen Infrastruktursysteme geografisch und politisch zu verordnen, also zu bestimmen, auf welcher Ebene – EU, Schweiz, dezentral – die Infrastruktursysteme idealerweise anzugehen sind. In einem zweiten Schritt werde ich dann die optimale Gouvernanz von Infrastruktursystemen aufzeigen, mit anderen Worten wer für die Policy, die Regulierung und das Operationelle zuständig sein sollte. Dies betrifft nicht nur die physischen Infrastrukturen, sondern auch die Dienstleistungen, die dank dieser Infrastrukturen erbracht werden können oder sollen. Daraus kann ich in einem dritten Schritt konkrete Empfehlungen an das UVEK ableiten.

Geografisch-politische Zuständigkeit

Infrastrukturen sind sowohl technische als auch institutionelle Systeme. Als technische Systeme sind sie natürlich irgendwo (physisch) gebaut, brauchen Ressourcen, die von irgendwoher (physisch) herkommen und bedienen Benutzer und Kunden, die irgendwo (physisch) wohnen und arbeiten. Diese physische Realität und die daraus folgenden ökonomischen Konsequenzen bedingen, auf welcher geografisch-politischen Ebene die Infrastruktursysteme zu bewirtschaften sind. Tabelle 1 versucht dies systematisch, aber auch ein bisschen vereinfachend zu tun, um so für die verschiedenen Infrastrukturelemente (die ein Infrastruktursystem ausmachen) die jeweils relevante Gouvernanzebene zu bestimmen.

Grafik 4: Gouvernanzebenen

	EU	**Metropolitan-region Schweiz**	**Dezentral: Agglomerationen und (5) Metropolitanräume**
Energie-versorgungssystem	Kupferplatte Europa	Hochspannungs-netz, Gasnetz, nationale Strom-versorgung	Distributionsnetze (Strom, Gas), dezentrale Stromversorgung
Personen-mobilitätssystem	Flug-sicherung	Nationalstrassen, Fernverkehrsnetz, Landesflughäfen	Schiene, Strasse, Mobility Hubs, Lade-infrastrukturen
Gütermobilitäts-system	Korridor 1	Nationalstrassen, Schiene, Lade-infrastrukturen	Schiene, Strasse, Cargo Hubs, Lade-infrastrukturen
Dezentrale Ressourcen-bewirtschaftung			Wasser, Abwasser, Abfall-verwertung und Fern-wärme, Gebäudebewirt-schaftung, grüne und blaue Infrastrukturen
Digitalisierung	Digitale Plattformen	Telekom-infrastruktur	Lokale digitale Plattformen

Quelle: Autor

Europäische Union

Die EU ist schon heute ganz klar für verschiedene Elemente der fünf Infrastruktursysteme verantwortlich. Wir als Land sind davon direkt betroffen, ob uns das gefällt oder nicht, ziemlich unabhängig davon, ob wir mit der EU ein Rahmenabkommen, bilaterale Abkommen oder gar kein Abkommen haben. Die EU nimmt diese Verantwortung via Regulierung wahr, denn sie besitzt kein Eigentum an den Infrastrukturen. Diese Regulierung ist in erster Linie technischer und ökonomischer Natur und in ihrem Kern rein technokratisch. Das stösst uns, und übrigens vielen anderen EU-Mitgliedstaaten ebenfalls auf, hat aber mit der Natur der EU-Integration zu tun und ist als solches das Gegengewicht zur Politisierung auf der Ebene der Mitgliedstaaten. Das heisst auch nicht, dass wir das alles «tel quel» mitmachen müssen, und es gibt viel Gestaltungsfreiraum auch für die Mitgliedstaaten – aber wenn wir nichts tun oder total neben der EU vorbei unsere eigenen Lösungen entwickeln, dann werden wir eines Tages einfach die EU-Regulatorien übernehmen müssen.

Konkret hat die EU den Lead bei der Flugsicherung, dem grenzüberquerenden Güterverkehr und der (Strom-)Kupferplatte Europa und ist daran, ebenfalls den Lead bei der Regulierung der digitalen Plattformen zu übernehmen. Bei der Flugsicherung bedeutet dies, dass Skyguide als Staatsunternehmen, das die Flugsicherung in der Schweiz betreibt, schon heute grösstenteils unter den Regeln der EU operiert. Die EU hat ebenfalls den Lead beim schienenbasierten Güterverkehr entlang den heute elf Korridoren, wobei die Schweiz nur vom Korridor Nummer 1 (Rhein-Alpen-Korridor) betroffen ist. Es ist voraussehbar, dass die EU ähnliche Korridore in nicht zu ferner Zukunft ebenfalls im schienenbasierten europäischen Personenverkehr etabliert und wir werden keine andere Wahl haben, als da ebenfalls mitzumachen. Im Stromsektor hat die EU ein integriertes und mehr oder weniger vollsynchronisiertes Übertragungsnetz geschaffen, das ihr zwar nicht gehört, aber das nach EU-Regeln funktioniert. Swissgrid muss nach diesen Regeln operieren beziehungsweise kann nur noch darauf reagieren, mit den entsprechenden Gefahren für die Versorgungssicherheit, die wir kennen. Schliesslich hat die EU nun ebenfalls den Lead, wahrscheinlich weltweit, bei der Regulierung der globalen digitalen Plattformen übernommen, insbesondere in den Bereichen Datenschutz und Marktmacht der Plattformen, und ist dabei, im Bereich Datenräume dasselbe zu tun. Auch diese Regulierungen werden wir mitmachen müssen, ganz abgesehen davon, dass wir dem gar keine Alternativen entgegensetzen können. Auch dies wird uns durchaus noch einen gewissen Spielraum lassen, notabene bei der Regulierung der

Cyberrisiken (der Schweiz), den digitalen Plattformen auf dezentraler Ebene und eventuell bei Themen, bei denen die EU bis jetzt noch nicht vorgeprescht ist, wie zum Beispiel beim digitalen Service public.

Metropolitanregion Schweiz (Bund)

Die Schweiz als eine Art Metropolitanregion zu sehen ist auf rein institutioneller Ebene nicht wirklich revolutionär, denn schon heute funktioniert Bundesbern als ein Konglomerat von ziemlich unabhängigen Einheiten, nur sind diese Einheiten nicht Metropolitanräume oder Agglomerationen, sondern sehr heterogene Kantone. Dennoch scheint es unbestritten, dass der Bund heute die Verantwortung für die Backbones der verschiedenen Infrastruktursysteme (der Metropolitanregion Schweiz) hat, also für das Nationalstrassennetz, das Fernverkehrsnetz, die Landesflughäfen, das Hochspannungsnetz und die Telekominfrastruktur. Dies zu erlangen war teilweise schon eine grosse institutionelle und politische Herausforderung (siehe als Beispiel die Übertragung des Hochspannungsnetzes).

Zu Diskussionen Anlass geben werden die anderen Elemente in Spalte 3 der obigen Tabelle: Am wenigsten kontrovers wäre dabei wahrscheinlich noch der Backbone des nationalen Gasnetzes, das expliziter als heute als eine Infrastruktur im allgemeinen öffentlichen Interesse zu definieren und als Teil der nationalen Energieversorgungsinfrastruktur zu bewirtschaften wäre. Ein bisschen kontroverser wäre schon eine nationale Strom-Ladeinfrastruktur, die, wie ich in Kapitel 4 argumentiert habe, Teil des schweizerischen Gütermobilitätssystems sein sollte. Und noch kontroverser ist sicher mein Vorschlag zur Schaffung oder finanziellen Unterstützung eines Unternehmens, das sich um die nationale Stromversorgung kümmern sollte. Dieses hätte nicht unbedingt eigene Anlagen, würde aber die Investitionen in dezentrale Anlagen finanziell unterstützen und zum Beispiel auch die heute vorgesehenen Wasserreserven bewirtschaften (statt diese Bewirtschaftung, im Widerspruch zu elementaren Unbundling-Regeln, Swissgrid, dem TSO, aufzuerlegen). Denkbar wäre sogar, dass diese nationale Stromversorgungsfunktion von (einer ausgelagerten) «SBB-Energieabteilung» wahrgenommen würde, die ja heute bereits ein staatliches Stromversorgungsunternehmen für die Bahn ist.

Leadership und Verantwortung des Bunds bei diesen Backbones bedeutet, dass der Bund sich um die Formulierung der entsprechenden Policies – inklusive der Policies zur Regulierung – kümmert, nicht aber die Infrastrukturen selbst betreibt. Bei einer unabhängigen Regulierung ist es nämlich irrelevant, ob Bau, Betrieb und Unterhalt der Backbones von öffentlichen oder privaten Unternehmen gemacht werden. Auch hier sollten sich Policy und Regulierung wie schon auf der EU-Ebene an den technisch-ökonomischen Realitäten, das heisst an der Anforderung der Effizienz, der Nachhaltigkeit und der Resilienz orientieren.

Aber es gibt nicht nur den Backbone der verschiedenen Infrastruktursysteme, sondern es braucht auch dezentrale Infrastrukturen für die Mobilität (Kantons-, Gemeindestrassen, Regionalbahnen), die Energieversorgung (Distributionsnetze) und vor allem die dezentrale Ressourcenbewirtschaftung. Und es braucht Dienstleistungen (also Strom, Wasser, Transport usw.), die auf der Basis dieser Infrastrukturen – Backbones und dezentrale Infrastrukturen – erbracht werden. Und die entsprechenden Policies (sowie die Policies zur Regulierung) werden grösstenteils auf nationaler Ebene definiert, oft inspiriert von EU-Policies. Im Unterschied zu den Infrastrukturen selbst, die technisch-ökonomisch, also technokratisch angegangen werden müssen, geht es bei den Infrastrukturdienstleistungen ebenfalls um politische Ziele des Service public, die in den Policies abgebildet werden müssen. Und diese Policies müssten natürlich ebenfalls auf die regionalen, die lokalen und vor allem die sozialen Bedürfnisse antworten und würden so zu politisch definierten Grundversorgungsanforderungen und -aufträgen an Leistungserbringer führen. Somit käme man zu einer sauberen Trennung zwischen Infrastrukturen per se (technisch-ökonomisch) und Service public (politisch und natürlich auch ökonomisch).

Dezentrale Ebene: Agglomerationen und Metropolitanräume

Wie im letzten Kapitel aufgezeigt stellen die Verdichtung und die Verstädterung der Schweiz vor allem die Kantone vor grosse Herausforderungen, gerade bei den Infrastrukturen. Gemeinde und Städte wachsen zu Agglomerationen zusammen, aus den Agglomerationen werden ihrerseits Metropolitanräume, und diese machen heute die Metropolitanregion Schweiz aus. Der Ausbau und die Qualität der Infrastrukturen in der Schweiz, in Kombination mit der Demografie, haben entscheidend zu dieser Entwicklung beigetragen. Aber genau diese Agglomerationisierung und Metropolitanisierung der Schweiz zwingen uns heute, die Gouvernanz der Infrastrukturen systemisch anzugehen, auf dezentraler Ebene noch mehr als auf nationaler Ebene. So wachsen Wasserversorgung, Abwasserentsorgung, Abfallverwertung, Gebäude- und Arealbewirtschaftung sowie Fernwärme zu einem einzigen dezentralen Ressourcenbewirtschaftungssystem zusammen, dessen Gouvernanz nur auf Agglomerationsebene und eventuell sogar auf der Ebene der Metropolitanräume Sinn macht. Gleiche Überlegungen gelten für die integrierten dezentralen Mobilitätssysteme und entsprechenden Hubs (Personen und Güter). Und auch bei der Energieversorgung entstehen dezentrale Systeme: Strom und Gas werden nicht nur mehr einfach verteilt, sondern ebenfalls dezentral aus erneuerbaren Energiequellen, Abfall, Holz usw. produziert und autonomer betrieben als früher. Und auch bei der Digitalisierung können wir die Entstehung von dezentralen Plattformen des sogenannten digitalen Munizipalismus beobachten, die zwar vielleicht nur ein Ableger einer globalen Plattform sind, aber in Zusammenarbeit und im öffentlichen lokalen Interesse als Public-Private Partnership (PPP) entwickelt und betrieben werden müssen.

Diese dezentralen Infrastruktursysteme sind natürlich immer verbunden mit dem gesamten schweizerischen Infrastruktursystem. Das lokale Stromnetz ist untrennbar mit dem Backbone des Übertragungsnetzes verbunden, und genau gleich ist der dezentrale Mobility Hub mit dem Fernverkehrsnetz untrennbar verbunden. Deshalb, und weil es sich auch bei den lokalen Infrastrukturen um technologische Strukturen handelt, sollte auch hier primär eine technisch-ökonomische Angehensweise vorherrschen. Das heisst, auch die dezentralen Infrastruktursysteme sind in erster Linie technokratisch zu bewirtschaften. Auch aus diesem Grund, und nicht nur aus rein territorialen Überlegungen, sollten die dezentralen Infrastruktursysteme nicht von politischen (Gemeinden, Städte, Kantone), sondern von neu zu schaffenden Gouvernanzstrukturen auf Agglomerations- und Metropolitanraumebene geplant, gebaut, betrieben und reguliert werden. Beide sind nicht politische Ebenen, sondern Zusammenschlüsse oder einfach Kooperationen von Infrastrukturbetreibern. Service-public-Anforderungen werden dabei entweder via Leistungsvereinbarungen mit den Gemeinden, den Städten, den Kantonen oder dem Bund eingebracht oder existieren bereits in den nationalen Regulatorien, unter denen diese dezentralen Infrastruktursystembetreiber operieren. Diese neuen Gouvernanzstrukturen der dezentralen Infrastruktursysteme zu schaffen ist natürlich ein langer und komplexer Bottom-up-Prozess, den die Politik zumindest nicht bremsen, aber hoffentlich sogar aktiv fördern sollte.

Optimale Gouvernanz der Infrastruktursysteme

In den meisten Infrastrukturen haben wir heute grösstenteils öffentliche Unternehmen, die Teile davon bauen, unterhalten und ausbauen. Auf Bundesebene haben wir die Post (100 Prozent beim Bund), die SBB (100 Prozent beim Bund), Skyguide (99,9 Prozent beim Bund), Swisscom (51 Prozent beim Bund) und Swissgrid (mehrheitlich bei den Kantonen, kein Bundeseigentum). Ich habe oben argumentiert, dass es ebenfalls ein öffentliches Nationalstrassenunternehmen braucht. Dies wird aus dem heutigen ASTRA ausgelagert. Auf kantonaler Ebene haben wir vor allem Strom- und Eisenbahnunternehmen (BKW, Alpiq, Axpo, Repower sowie BLS, RhB usw.). Auf lokaler Ebene haben wir jede Menge Stadtwerke. Die Gouvernanz dieser öffentlichen Unternehmen ist, wie in Kapitel 5 argumentiert, mehrheitlich nicht sauber aufgestellt. Das ist nicht eine Frage der Privatisierung dieser öffentlichen Unternehmen, sondern eine Frage der klaren institutionellen Ausgestaltung. Privatisierungen braucht es aus meiner Sicht nicht, respektive kann man das dem Markt überlassen. «Staats- versus Privateigentum» ist eine falsche Debatte, die dem überholten Links-rechts-Schema verhaftet ist, in dem die meisten Politiker und Parteien steckengeblieben sind.

Diese Frage der Gouvernanz der öffentlichen Unternehmen ist lösbar, aber dazu braucht es eine saubere Trennung von Eigentum, Policy, Regulierung und Betrieb, und die nachfolgenden Empfehlungen leiten sich aus meiner Analyse der seit den 1990er-Jahren defizienten Gouvernanz der liberalisierten Infrastrukturen im vorherigen Kapitel ab.

- Das *Eigentum* der Staatsunternehmen auf Bundesebene muss vom Finanzdepartement und nicht vom UVEK und noch weniger von den Bundesämtern verwaltet werden, und zwar ganz einfach als Finanzbeteiligung. Es soll im Grund keine Rolle spielen, wem die Unternehmen gehören. Die Staatsunternehmen werden nicht mehr politisch geführt (keine strategischen Ziele des Bundesrats mehr, die sowieso nichts bringen), sondern sie bekommen klare politische und regulatorische Rahmenbedingungen, inklusive klar definierter Grundversorgungsaufträge, falls es sie braucht. Dies bedeutet, dass sich vor allem die Linke von der Idee verabschieden muss, dass Staatsunternehmen mit Service public gleichzusetzen sind, insbesondere wenn sie von linken Politikern gemanagt werden.
- *Klare Trennung zwischen Infrastrukturen und Dienstleistungen*: Die meisten der in den verschiedenen Infrastruktursektoren tätigen Unternehmen betreiben einerseits die Infrastruktur (Monopol) und bieten andererseits Dienstleistungen auf der Basis dieser Infrastrukturen (Wettbewerb, siehe Kapitel 1) an. Das ist bei der SBB, bei Swisscom, bei Skyguide und allen kantonalen und lokalen Infrastrukturunternehmen der Fall. Swissgrid betreibt heute nur die Infrastruktur, und die Post bietet nur Leistungen an. Wenn die EU etwas gut gemacht hat, dann ist es die saubere Trennung dieser beiden Aktivitäten: Die Infrastruktur wird als Monopol reguliert, und für die Dienstleistungen auf den Infrastrukturen braucht es – falls es der Markt nicht leistet – Grundversorgungsaufträge, die die Politik explizit definieren und finanziell abgelten muss, wenn sie nicht direkt von den Nutzern finanziert werden. Diese saubere Trennung habe wir in der Schweiz nur im Stromsektor fertiggebracht, und der Bundesrat ist gerade daran, diese Errungenschaft auch dort rückgängig zu machen.
- Ein unabhängiger sektorspezifischer *Regulator* muss sicherstellen, dass das Infrastrukturmonopol auf Effizienz und Versorgungssicherheit hin reguliert wird und dass der diskriminierungsfreie Zugang der Dienst-

leistungsanbieter auf die monopolistische Infrastruktur garantiert ist, und eventuell auch, dass der Grundversorgungsauftrag erfüllt wird. Letzteres kann man auch mit Leistungsvereinbarungen tun, wenn es sonst keinen Regulator braucht, weil es kein Infrastrukturmonopol gibt; und dies ist bei der Post der Fall. Auch das haben wir in der Schweiz, ausser im Stromsektor, nicht fertiggebracht (siehe Kapitel 5). Angewendet auf die von mir postulierten fünf Infrastruktursysteme bedeutet dies, dass wir eine EnerCom (Energieversorgungssystem), eine MobiCom (Personenmobilitätssystem), eine CargoCom (Gütermobilitätssystem), eine «KreislaufCom» (oder so ähnlich) für die dezentralen Ressourcenbewirtschaftssysteme sowie eine DigiCom (Telekom, Digitalisierung) brauchen. Die PostCom brauchen wir nicht mehr.

Empfehlungen an das UVEK

Die Infrastrukturen der Schweiz werden in Zukunft in fünf Systemen bewirtschaftet, und zwar nicht nur auf operationeller (immer integrierterer Betrieb), sondern auch auf regulatorischer (siehe oben, fünf den Infrastruktursystemen entsprechende Regulatoren) und auch auf der Policy-Ebene (fünf den Infrastruktursystemen entsprechende Politikfelder). Dies würde zu folgender Neustrukturierung des UVEK führen:

- Als Erstes braucht es ein neues *Bundesamt für Energieversorgung;* dieses geht aus dem heutigen BFE hervor, das sich aber in Zukunft ausschliesslich auf die Versorgungssicherheit mit Energie und Strom fokussieren muss, denn es macht heute viel zu viel, wie zum Beispiel die Gebäudeisolation, Elektromobilität, Digitalisierung. Die Kernaufgabe dieses Amts besteht darin sicherzustellen, dass wir genug Energie haben, und zwar so viel wie möglich dekarbonisiert; klar braucht es dazu mehr Erneuerbare auf dezentraler Ebene, aber dafür muss das neue Bundesamt lediglich Richtlinien und Incentives schaffen, sodass auf dezentraler Ebene etwas in Bewegung kommt. Es soll sich um Policies der Stromproduktion und der Stromnetze kümmern, ebenso um die Importe von fossilen Energieträgern, die es in Zukunft immer noch brauchen wird. Dabei soll es eine realistische Policy entwerfen und nicht einfach dieses unrealistische Netto-Null-Mantra nachplappern. Insbesondere wird es weiterhin Gas und Gasimporte brauchen, auch hier muss es sich um den Backbone kümmern und nicht einfach alles der Branche überlassen. Dazu muss es natürlich viel enger als bisher mit DG ENER in Brüssel zusammenarbeiten, denn wie kommen sonst der Strom und das Gas in die Schweiz? Das soll weniger via die politischen Kanäle, sondern primär und direkt unter Technokraten ablaufen.

- Als Zweites braucht es ein Amt für die *Personenmobilität*, und zwar sowohl für den Backbone (Schiene, Strasse usw.) als auch für die Organisation der Transportdienstleistungen auf diesem Backbone. Dieses Amt wird aus dem heutigen BAV hervorgehen und dabei das BAZL integrieren, das es nicht mehr braucht, denn Policy und Regulierung für die Fliegerei werden in Brüssel gemacht. Fliegen muss als Teil der Personenmobilität betrachtet werden, insbesondere wenn es um die internationale Anbindung der Schweiz geht. Waren mit dem Flugzeug zu transportieren ist ökologischer Nonsense und sollte stark eingeschränkt werden, noch lange bevor man den Leuten das Fliegen vermiest. Dieses neue Mobilitätsamt hat die Aufgabe, alle relevanten Akteure der Personenmobilität (Infrastrukturbetreiber und Dienstleister) so zu koordinieren und die institutionellen Rahmenbedingungen so zu setzen, dass eine effiziente, nachhaltige und resiliente Haustür-zu-Haustür-Mobilität möglich wird. Dies schliesst sowohl den ÖV wie auch den privaten Personenverkehr ein und ebenfalls die Mikromobilität. Letztere wird aber in erster Linie auf Agglomerations- und Metropolitanraumebene bewirtschaftet. Die Digitalisierung der Personenmobilität wird dabei eine zentrale Rolle spielen und muss mit dem Amt für Digitalisierung (siehe unten) koordiniert werden. Mobility Pricing aller Verkehrsträger ist in der Tat eines der Instrumente der Verlagerung und sollte ebenfalls federführend vom Personenmobilitätsamt an die Hand genommen werden. Auch muss sich das Bundesamt für Mobilität mit DG MOVE in Brüssel viel enger koordinieren, als dies bisher der Fall war.

- Auch die *Gütermobilität* muss in Zukunft in einem speziell dafür zu schaffenden Amt abgebildet sein, was heute nicht der Fall ist. Der Gütertransport belastet etwa 25 Prozent der Nationalstrassen und der städtischen Gebiete; zudem soll er auf die Schiene verlagert werden, auch wenn die letzte Meile und auch ein grosser Teil des Stückguttransports immer auf der Strasse stattfinden wird. Dieses Amt wird aus dem ASTRA hervorgehen. Das ASTRA hat sich durch interessante Ansätze bei der Digitalisierung der Strasse bekannt gemacht. Ich habe oben gesagt, dass die Nationalstrassen langfristig nur noch für den Güterverkehr da sein sollten; das ist eine Vision, aber tendenziell sollten die Nationalstrassen zum resilienten Backbone des Gütertransports werden, der zudem zu elektrifizieren ist, vielleicht sogar mit Fahrleitungen. Ein Teil des Gütertransports muss zudem auf die Schiene, zu 100 Prozent beim alpenquerenden Güterverkehr. Ebenfalls, wie schon oben gesagt, muss das ASTRA zu einem reinen Politikberatungsamt werden und seine operationellen Aufgaben an ein Unternehmen auslagern, das die Nationalstrassen baut, unterhält und betreibt oder entsprechende Aufträge an Subcontractors gibt. Dies ist eine Bedingung für ein sauberes Bepreisen der Mobilität. Das Amt für Gütermobilität muss zudem eng mit DG MOVE zusammenarbeiten, insbesondere beim alpenquerenden Güterverkehr.
- Viertens braucht es ein neues *Amt für dezentrale Ressourcenbewirtschaftung;* dieses geht aus dem BAFU hervor, das sich aber grundlegend neu ausrichten muss, obwohl es sich in den letzten Jahren schon stark in Richtung Kreislaufwirtschaft entwickelt hat. Gewässer-, Landschafts-, Luft- und anderer Schutz sind natürlich zentral, werden aber vom BAFU ins ARE transferiert. Das ARE wird somit zu einem Amt, das die nationalen Ressourcen wie Land, Boden, Luft, Wasser usw. betreut, aber das wäre ein anderes Thema. Die Hauptaufgabe dieses neuen Amts für dezentrale Ressourcenbewirtschaftung wird es sein, gesetzliche Rahmenbedingungen und entsprechende Incentives für eine integrierte dezentrale Bewirtschaftung der Wasserversorgung und Abwasserentsorgung, der Abfallverwertung, der Fernwärme, der Materialflüsse

(Recycling, Verpackungen usw.), der Gebäudeisolation (was heute beim BFE ist) und der grünen und blauen Infrastrukturen zu setzen. Es muss dafür eng mit DG CLIMA und DG ENVIRONMENT in Brüssel zusammenarbeiten.

- Schliesslich braucht es ein *Bundesamt für Digitalisierung*. Dieses geht aus dem heutigen BAKOM hervor und beschäftig sich, wie schon bisher, mit der physischen Infrastruktur der Digitalisierung (Telekominfrastruktur), den (immer digitalisierteren) Medien sowie den digitalen Plattformen generell, und zwar auch den lokalen. Allerdings gibt es hier, wie bei der Luftfahrt, wenig zu tun, denn Policy und Regulierung werden von der EU gemacht und wir als Schweiz sind nicht in der Lage, diesen etwas Besseres entgegenzuhalten. Man könnte sich auch überlegen, das heute andiskutierte Bundesamt für Cyberrisiken ins neue BAKOM zu integrieren, denn die meisten dieser Cyberrisiken befinden sich sowieso schon in den Infrastrukturnetzen (Telekom, Strom, Flugsicherung, Wasser usw.). Zudem muss das Bundesamt für Digitalisierung eng mit DG CONNECT und DG COMP in Brüssel zusammenarbeiten.

Schlusswort in eigener Sache

Ich schliesse so, wie ich angefangen habe, nämlich mit mir selbst. Es ist vielleicht ein bisschen vermessen, aber weil dies sehr wahrscheinlich mein letztes Buch ist, zumindest zum Thema der Infrastrukturen in der Schweiz, tue ich es trotzdem. Wie gesagt, mein Lehrstuhl wurde nicht weitergeführt, und zwar aus dem ganz einfachen Grund, dass die Universitäten leider nur noch Hors-Sol-Spezialisten produzieren. Man muss jedoch, in Zukunft noch mehr als heute, vernetzt, systemisch, interdisziplinär, kritisch und von der Praxis her denken, und vor allem zusammen mit der Praxis denken, um im engen Austausch mit den relevanten gesellschaftlichen Akteuren, inklusive der Industrie und der Politik, die Herausforderungen an die Infrastrukturen der Zukunft zu bearbeiten. Ein Lehrstuhl genügt bei Weitem nicht: Es braucht dazu einen Thinktank, an dem die besten, die kreativsten, die interdisziplinärsten und die praxisinteressiertesten jungen Akademiker und Akademikerinnen angestellt werden und so ihre Karriere ausserhalb der hochspezialisierten universitären Hackordnung verfolgen können. Und es braucht ein professionelles Management eines solchen Thinktanks, nicht eine Direktion von Professoren, deren oberstes Ziel es ist, nur ja keine Reibungsflächen mit ihren Kollegen zu schaffen. Und es braucht eine Gouvernanz dieses Thinktanks, die die Interessen aller relevanten Infrastrukturakteure einbringt: die Infrastrukturunternehmen, das UVEK, die Politik, die Städte, die Gemeinden, die Zivilgesellschaft … und mindestens einen EU-Vertreter.

Abkürzungen

ACER	Agency for the Cooperation of Energy Regulators
AG	Aktiengesellschaft
ARA	Abwasserreinigungsanlage
ASTRA	Bundesamt für Strassen
ATEL	Aare Tessin AG für Elektrizität, heute Alpiq, fusioniert mit EOS
BAFU	Bundesamt für Umwelt
BAKOM	Bundesamt für Kommunikation
BAV	Bundesamt für Verkehr
BAZL	Bundesamt für Zivilluftfahrt
BIF	Bahninfrastrukturfonds
BFE	Bundesamt für Energie
BKW	BKW Energie AG, ehemals Bernische Kraftwerk AG
BLS	Bern-Lötschberg-Simplon-Bahn
BPUK	Bau-, Planungs- und Umweltdirektorenkonferenz
BSL	Flughafen Basel
CASO	Civil Aviation Safety Office
CCS	Carbon Capture and Storage
CKW	Centralschweizerische Kraftwerk AG
CST	Cargo Sous Terrain
DG MOVE	Generaldirektion Mobilität und Verkehr (der EU)
DTI	Digitale Transformation und IKT-Steuerung
DVS	Digitale Verwaltung Schweiz
EASA	European Union Aviation Safety Agency
EFD	Eidgenössisches Finanzdepartement
EFV	Eidgenössische Finanzverwaltung
EGL	Elektrizitätsgesellschaft Laufenburg
ElCom	Eidgenössische Elektrizitätskommission
EOS	Énergie Ouest Suisse

EPFL	École Polytechnique Fédérale Lausanne
EU	Europäische Union
EUI	European University Institute
EVU	Elektrizitätsversorgungsunternehmen
EWR	Europäischer Wirtschaftsraum
FABI	Finanzierung und Ausbau der Bahninfrastruktur
FSR	Florence School of Regulation
FTTH	Fiber-to-the-Home
GDPR	General Data Protection Regulation
GS	Generalsekretariat
GVA	Flughafen Genf
ICAO	International Civil Aviation Organization
IDHEAP	Institut des Hautes Études en Administration Publique
IKT	Informations- und Kommunikationstechnologien
IoT	Internet of Things
IPCC	International Panel on Climate Change
KKW	Kernkraftwerk
KVA	Kehrichtverbrennungsanlage
LSVA	Leistungsabhängige Schwerverkehrsabgabe
MaaS	Mobility-as-a-Service
MAUT	Strassenbenutzungsgebühr (altdeutsch)
Mbit/s	Megabit per Sekunde
MODIG	Mobilitätsdateninfrastrukturgesetz
NAF	Nationalstrassen- und Agglomerationsverkehrsfonds
NATEL	Nationales Autotelefonnetz
NOK	Nordostschweizerische Kraftwerke AG, seit 2009 Axpo
OECD	Organisation für wirtschaftliche Zusammenarbeit und Kooperation
ÖV	Öffentlicher Verkehr
PKW	Personenkraftwagen
PPP	Public-Private Partnership
PRB	Performance Review Body
PTT	Post, Telegraf, Telefon
RailCom	Kommission für den Eisenbahnverkehr
RhB	Rhätische Bahn
RPV	Regionaler Personenverkehr
SBB	Schweizerische Bundesbahnen
SES	Single European Sky
SKE	Schiedskommission im Eisenbahnverkehr

SLA	Service Level Agreement
SUMP	Sustainable Urban Mobility Plan
SUV	Sport Utility Vehicle
TSO	Transmission System Operator
UNFCC	UN Framework Convention on Climate Change
USA	United States of America
UVEK	Eidgenössisches Departement für Umwelt, Verkehr, Energie und Kommunikation
VBS	Eidgenössisches Departement für Verteidigung, Bevölkerungsschutz und Sport
VoD	Video on Demand
VöV	Verband öffentlicher Verkehr
ZRH	Flughafen Zürich

Literatur

d'Arcy, A. und M. Finger (2014). The challenges of imperfectly unbundled TSOs: Can corporate governance or regulatory action mitigate such imperfection? *Competition and Regulation in Network Industries*, Vol. 15, No. 2, Juni 2014, S. 117–137.

Crozier, M. (1963). *Le phénomène bureaucratique*. Paris: Points.

Finger, M. (2019). *SBB – was nun? Szenarien für die Organisation der Mobilität in der Schweiz*. Zürich: NZZ Libro.

Finger, M. (2020). *Network Industries. A Research Overview*. London: Routledge.

Finger, M. und P. van Baal (2020). *Beziehungen unter Strom. Die Schweiz, die Elektrizität und die Europäische Union*. Zürich: Chronos.

Finger, M., Montero, J. und T. Serafimova (2022). *Towards a Smart and Sustainable Single European Transport Area. An Assessment of the Past 10 Years of EU Regulation*. Florenz: European University Institute.

Foundational Economy Collective (2018). *Foundational Economy*. Manchester: Manchester University Press.

Montero, J. und M. Finger (Hg.) (2021a). *A modern guide to the digitalization of infrastructure*. Cheltenham: Edward Elgar.

Montero, J. und M. Finger (2021b). *The rise of the new network industries: regulating digital platforms*. London: Routledge.

Über den Autor

Matthias Finger ist seit 2020 Professor Emeritus der EPFL, wo er zwischen 2002 und 2020 als Professor für Management von Netzwerkindustrien tätig war. Seit 2010 ist er Teilzeitprofessor am Europäischen Universitätsinstitut in Florenz, Italien. Er hat an der Universität Genf in Politologie doktoriert und war daraufhin Assistenzprofessor an der Syracuse University, New York, Associate Professor an der Columbia University, New York, und ab 1995 Professor am Schweizerischen Institut für Verwaltungswissenschaften (IDHEAP) in Lausanne.

Ebenfalls bei NZZ Libro erschienen:

Benedikt Weibel

Wir Mobilitätsmenschen

Wege und Irrwege zu einem nachhaltigen Verkehr

200 Seiten

Gebunden

ISBN 978-3-907291-56-6
ISBN E-Book 978-3-907291-57-3

Mobilität ist Freiheit; Mobilität ist Grundbedingung für den Wohlstand; Mobilität nimmt permanent zu; Mobilität verursacht einen Viertel des globalen CO2-Ausstosses – kurz: die Bewältigung künftiger Mobilitätsströme ist eine der grössten Herausforderungen unserer Zeit. Benedikt Weibel – selber seit 43 Jahren an zentralen Stellen im Mobilitätsgeschäft tätig – leuchtet in 37 Reflexionen sämtliche Dimensionen der Mobilität aus. Daraus lassen sich die Konturen einer Verkehrswende ableiten, welche die Mobilität von Menschen und Gütern sichert und zugleich das unumgängliche langfristige Ziel erreicht: Den Verkehr von fossilen Treibstoffen zu befreien.

«Benedikt Weibel nimmt in seinem Buch das moderne Mobilitätsverhalten pointiert aufs Korn. Und er zeigt Wege auf, wie Verkehr und Klimaziele zu vereinbaren wären.» *saldo.ch, 12.10.2021*

«Weibel liefert genau das, was man von einem Experten erwartet: strategische Ideen, konkrete Vorschläge, unterhaltsam und mit humanistischem Weitblick beschrieben. Vielleicht beginnt die persönliche Verkehrswende für den einen oder die andere genau hier.» *Deutschlandrundfunk, 06.12.2021*

Ebenfalls bei NZZ Libro erschienen:

Trudi von Fellenberg-Bitzi

Alles was rollt, schwimmt und fliegt

Der Visionär Alfred Waldis und das Verkehrshaus der Schweiz

250 Seiten

Gebunden

ISBN 978-3-907291-65-8

Als das Verkehrshaus der Schweiz 1959 eröffnet wurde, bezweifelten viele, dass es erfolgreich sein würde. Der erste Direktor Alfred Waldis (1919–2013) wollte das Verkehrshaus partout vor einem musealen Charakter bewahren und realisierte mit viel Gespür für das Machbare ein interaktives Haus. Schon im ersten Betriebsjahr war es das meistbesuchte «Museum» der Schweiz. So erweiterte Waldis «sein Verkehrshaus» bereits kurze Zeit nach der Eröffnung. Es entstanden unter anderem das erste Planetarium der Schweiz (1968) sowie die Halle Luft und Raumfahrt (1972).

Auch ohne Hochschulabschluss hat es Waldis zu höchsten Ehren gebracht. Neben der Leitung des Verkehrshauses verfasste der Ehrenbürger von Luzern über 900 Reportagen und unzählige Bücher und erhielt 1972 den Innerschweizer Kulturpreis. 1977 ehrte ihn die Universität St. Gallen mit dem Dr. h.c. oec. Am liebsten erholte er sich in seiner knapp bemessenen Freizeit bei Ski- und Bergtouren, während der Ferien mit seiner Familie, bei seinen täglichen Yogaübungen und im Planetarium beim Sinnieren über die Welt und den Kosmos.

Eine Biografie über den visionären Autodidakten, Museumspionier, Familienmenschen, beispiellosen Netzwerker und genialen Kommunikator – eine Schweizer Erfolgsgeschichte!